头脑风暴

塑造超强大脑的破案游戏

俞承幸／编著

中国法制出版社
CHINA LEGAL PUBLISHING HOUSE

图书在版编目 (CIP) 数据

头脑风暴 . 塑造超强大脑的破案游戏 / 俞承幸编著 . —北京：中国法制出版社，2021.5

ISBN 978-7-5216-1779-5

Ⅰ . ①头…　Ⅱ . ①俞…　Ⅲ . ①智力游戏　Ⅳ . ① G898.2

中国版本图书馆 CIP 数据核字（2021）第 055034 号

策划编辑：李　佳

责任编辑：李　佳　　封面设计：汪要军

头脑风暴 . 塑造超强大脑的破案游戏

TOUNAO FENGBAO. SUZAO CHAOQIANG DANAO DE PO'AN YOUXI

编著 / 俞承幸

经销 / 新华书店

印刷 / 三河市紫恒印装有限公司

开本 / 880 毫米 ×1230 毫米　32 开　　印张 / 6.5　字数 / 133 千

版次 / 2021 年 5 月第 1 版　　2021 年 5 月第 1 次印刷

中国法制出版社出版

书号 ISBN 978-7-5216-1779-5　　定价：36.00 元

北京西单横二条 2 号　邮政编码 100031　　传真：010-66031119

网址：http://www.zgfzs.com　　编辑部电话：010-66053217

市场营销部电话：010-66033393　　邮购部电话：010-66033288

（如有印装质量问题，请与本社印务部联系调换。电话：010-66032926）

前言

破案推理游戏指的是一种在推理故事的基础上，慢慢精炼形成的一种思维游戏。这种思维游戏能够提升逻辑思维能力。黑格尔认为，逻辑思维是思维中的思维。这种思维的训练，能使人在头脑中得到真正纯粹的思想。

破案游戏还被称为“思维的体操”“大脑的发动机”。它不仅能够活跃思维，还能最大限度地激发人脑中的推理潜能，拓展人脑的想象空间，从而锻炼人的观察能力、分析能力、判断能力、推理能力、思考能力。玩好破案推理游戏，需要快速调用自身各方面的知识，破解各种谜题。

本书就是一本集趣味性、逻辑性、知识性于一体的破案游戏类图书。书中收录了大量经典有趣、引人入胜的破案游戏，每一则都篇幅短小，内容精到，符合当代读者“碎片化阅读”的习惯，能够让读者在短短数分钟内轻松读完，并能够立刻展开“烧脑”的思维推理。

一书在手，可以最大限度地激发思维活力，冲破思维定式，引发一场前所未有的头脑风暴！

目录

第一章

研究现场痕迹，发现有价值的证据

技巧简介：从蛛丝马迹中发现不寻常的地方

在侦破案件的过程中，破案人员需要面对从犯罪现场搜集到的所有物证。它们可能是鞋印、车轮印、木头、泥土、毛发、纤维、玻璃、胶条……

即便犯罪嫌疑人冷静机警，但只要去过犯罪现场，总会留下蛛丝马迹。因此，破案人员只需要对现场证据进行分析，在得到确凿证据之后，以此为突破口击穿犯罪嫌疑人的心理防线。

有着“美国威尼斯”之称的劳德代尔发生了一起恶劣的事件：一名女性遭到性侵犯后被掐死。警察在犯罪现场搜集证据时发现了一些残缺不全的指纹和树皮碎屑。

几个月后，警察抓到一个窃贼，在指纹录入警方数据库之后，发现与之前在那名被杀女性的案发现场采集到的指纹匹配，同时警察还在他衣柜中的一条牛仔裤口袋里发现了一些树皮碎屑。

于是，警察对这个窃贼进行讯问。面对警察的讯问，这个窃贼用平淡的语气说道：“哦，是的，我认识她。那天我们去了同一家商店买东西，相遇后我们聊得很投机，随后我就去她家并和她发生了关系。但是之后我就走了，这有什么问题吗？”

他的解释听起来毫无破绽，因为警察在被害人的家中确实见到了那家商店的购物袋。但是在他说话之前，警察没有告诉他两件事：一是被害人的指纹是从她家的窗户上采集到的，手指的方向是朝着窗户里面的；二是在被害人家中地板上发现了橄榄树树皮的碎屑，而他那条牛仔裤口袋中的树皮碎屑就是橄榄树树皮的碎屑，被害人家的窗户外面种着一棵橄榄树。

非常明显，这名窃贼说了谎话，如果他是被邀请进入被害人的家中，窗户上的指纹应该是朝向窗户外面的。如果他不是从窗户进入的，那么他的口袋和被害人家中的地板上就不可能有橄榄树树皮的碎屑。这样确凿的证据一出现，犯罪嫌疑人只能俯首认罪。

在现实生活中，人们对隐私越来越看重，很多人并不想被别人知道自己曾经去过什么地方，做过什么事情。因此就会出现一种现象，那就是人们在生活中根本就不清楚自己所面对的人讲出的话是真是假。面对出于这种原因说谎的人，我们可以像案例中的警察一样，从他身上的小细节去分析，从而破解谎言。

证据除了上面说过的指纹、毛发、玻璃、纤维等之外，还包括很多种。

喜欢侦探小说的人应该都知道福尔摩斯，在《血字的研究》里，福尔摩斯通过对鞋印、血字和烟灰的观察，发表了如下观点："这是一件谋杀案。凶手是个男人，他高六英尺多，正当中年。照他的身材来说，脚小了一点，穿着一双粗平方头靴子，抽的是印度雪茄烟。他是和被害者一同乘坐一辆四轮马车来的。这个马车用一匹马拉着，那匹马有三只蹄铁是旧的，右前蹄的蹄铁是新的。这个凶手很可能是脸色赤红，右手指甲很长……”

当然，我们要做到像福尔摩斯那样是不太可能的，但是我们可以做到的是根据有关鞋子的细节进行简单的分析。

我们可以学习如何去简单地鉴别鞋印，很多人会觉得现在鞋子都批量生产，怎么可能通过鞋印来分辨鞋子的主人呢？答案很简单。因为每个人的身高、体重、习惯、步态的不同，会使得每双鞋子从被穿上的那一刻起就留下独特的痕迹。比如有的人是习惯性外八字脚，那么他的鞋子一定是脚后跟外侧磨损过度。所以，可以通过一个人的鞋印分析出他走路的习惯。

鞋子能显示的信息不仅包括鞋印，还包括鞋子上的各种物质，因为在一个人走路的过程当中，大量的碎屑和痕迹，包括小石子、灰尘、沙子、泥土等都会沾染到鞋子上。诸如此类，都能成为判断一个人曾经去过什么地方的证据。

除此之外，还可以通过一个人在说话时做出的小动作、身上的气味等，来分析这个人曾经去过哪里，做过什么。只要做过就一定会被察觉，重要的是一定要细致鉴定和分析出现的蛛丝马迹。

侦探游戏：细心鉴定，准确分析

车轮的痕迹

开启游戏

雨后清晨，放假的警长迈克心情愉悦地骑着自行车来到一处山脚下散心。正当他找寻地方歇脚的时候，不经意间发现了地上躺着一个人，这个人穿着警服，腹部插着一把刀，血流满地，这个人已经奄奄一息了。

迈克急忙上前为这个人止血。感觉到迈克的动作，这个人睁开眼睛，抬起手指着一个方向，用微弱的声音说道："在五六分钟前，我看见有个人………我上前去询问……没想到……他竟然拿出一把刀捅了我……骑着……自行车……跑了。"话音刚落，他就停止了呼吸。

这时刚好有两三个人路过，迈克亮出自己的警官证，请他们报警，而他自己则飞快地骑上自行车，顺着刚刚那人指示的方向追寻过去。

骑出一段距离之后，前方出现了一个岔路口，两条岔路都是缓缓向上的斜坡，在距离路口四十米的地方都在施工，路面上铺满了沙石和泥土。

迈克先跑到右侧的岔路观察，在右侧的沙石路面上，有着非常明显的自行车车轮的印痕。他摸了摸下巴：“凶手似乎是顺着这条路逃走的。”

当然，谨慎起见，他同样也去了左侧的岔路观察，那条路上竟然也有自行车车轮的印痕。

迈克停下来思考：“这个人究竟是朝着哪个方向逃走的？眼前是两条岔路，他只能选择一条。”

迈克开始用自己敏锐的观察力对比这两条路上出现的自行车车轮印，经过对比后他发现：右侧岔路的印痕，前轮后轮大致相同；而左侧的岔路为什么前轮的印痕会比后轮浅？“哦，我知道了。”

迈克骑上自行车火速追了过去，最终抓到了凶手。

你知道警长迈克是如何判断出凶手逃跑的路线的吗？

头脑发动机

在这个破案游戏中，凶手为了逃避追捕，自作聪明地在另一条路上留下了轮胎印，以为这样就能迷惑警察，而警长正是根据两条路上的轮胎印判断出凶手是沿着右侧的岔路逃走的。原因是前轮和后轮所留下的轮胎印深浅不同。通常，一个人骑自行车时，他身体的重量几乎全部由后轮承担，因此自行车行进在平地或是下坡时，前轮印会较浅，而后轮印较深。但是上坡时，因为他身体开始向前倾，重心被置于自行车中部，就造成了前轮与后轮的印痕深浅完全相同的情况。

这两条路上，右侧的岔路上的印痕深浅完全相同，左侧的岔路有一条前浅后深的轮胎印，警长迈克据此判断出凶手是从右侧的岔路逃跑的。正是聪明反被聪明误，凶手因为要制造迷惑痕迹，耽误了时间，因此很快就被警长迈克追上，并被抓获。

深浅不一的脚印

开启游戏

某个冬天雪后的早晨，警察接到报警电话，报警人声称自己在一座空房子里发现了一具尸体。警察火速赶到现场，对案发现场进行详细的调查取证。报警人詹姆斯被带到警察面前，警察对其进行了例行询问。詹姆斯回答："今天早晨，我想要用铁丝做一个东西，想到这个空房子里可能会有铁丝，我就进去了，结果却在房子里发现一具尸体，当时吓我一大跳。因为这房子周围没有被害人和凶手的脚印，只有我一个人进出的脚印，所以我认为此人一定是昨天夜里下雪以前就已经在空房里被杀了。"警察听完他说的话之后，去查看了目击者往返现场时的脚印，往返的脚印深浅不同。警察厉声呵斥詹姆斯："你在撒谎，你就是凶手！"

凶手真的是詹姆斯吗？警察是如何判断出来的呢？

头脑发动机

因为刚下过雪，空房子四周白雪皑皑，如果真如詹姆斯所说，他是去找铁丝，那么雪地上出现的脚印应该是深浅相同的，只有在突然加大重量的情况下，雪地上的脚印才会出现深浅不同的情况。现在的情况是雪地上的脚印是深浅不同的，所以真相应该就是凶手在别的地方杀了人，穿过雪地之后把尸体抛到空房子里。用身体扛着尸体和独自一人行走，在雪地上留下的脚印会深浅不同。所以，一定是詹姆斯杀人之后，扛起尸体进入空房子内，然后他空手返回家中，紧接着拨通了报警电话。

墙上的血手印

开启游戏

夏日的一天夜里，一所青年公寓里发生了命案，警察迅速出动。在这所公寓三楼的一个房间中，一名年轻女性被杀了，身中数刀，死状惨烈。

警察在现场采集证据的时候，发现墙壁上非常清晰地印着一个血红的手印，五指分明，连掌心的纹路都能清晰看出。大家都认为这可能是凶手杀人之后逃跑时慌不择路才没意识到自己将沾满鲜血的右手按到了墙壁上。由此可见，这很有可能是一起激情杀人案，现场散落一地的物品、破碎的杯子也印证了这个观点。

约翰警长在仔细查看了墙上的血手印后，对雷斯探长说道："这个血手印能帮助我们快速查到凶手，案件侦破指日可待。"

雷斯探长看了看血手印，嘴角轻撇，摇了摇头，对满脸喜色的约翰警长说道："别高兴得这么早，这个血手印是假的，是凶手为了蒙骗我们，特意弄出来的，手印上虽然有被害人的鲜血，但我必须告诉你，通过这个血手印一定查不出真正的凶手，请你不要上当！"

约翰警长听完大吃一惊："你怎么知道这血手印是假的？"

雷斯探长笑道："你可以试着把自己右手的手掌染上墨水往墙上按一下。"

约翰警长一头雾水，但是依旧按照雷斯探长所言，尝试着把自己的手印印到墙上，当他把手拿开，手印显现出来的那一刻，他瞬间就明白了雷斯探长的话。

雷斯探长是根据什么认为墙上的血手印是假的呢？约翰警长又明白了什么？

头脑发动机

在这个破案游戏中，凶手的真实目的是想要制造出一个假的嫌疑人，用血手印来引开警察的目光，从而让自己逍遥法外。但聪明反被聪明误，这反而给警方留下了追查的线索。

因为一个人在慌不择路的情况下，手接触物体留下的手印会残缺或模糊。又因为在逃跑的过程当中，手掌接触墙壁的时间过短，也不会在墙上留下非常清晰的纹路。

但是这个案例中，出现的血手印十分清晰，就连手心纹路也一清二楚。会出现这种情况，只有一种可能，那就是一个人站立在墙边，重重地把手按下去，停留数秒。试想一下，如果一个人杀完人之后慌不择路地逃跑，如何会留下这样一个清晰的血手印？由此可知，这个血手印是凶手在杀人之后，特意留下的，以此来误导警察的追查方向，以便于自己摆脱嫌疑。

半个指纹

开启游戏

一个青春靓丽的女孩子来到一家商场购物。因为已经年满18岁，所以她有了人生中的第一辆车，但当她驾驶着汽车进入商场的停车场之后，却再没能出来。当她再次被看到时已经变成一具冰冷的尸体躺在9楼的楼梯口。明明停车场是在商场地下，为何她会死在9楼的楼梯口呢？

案发现场记录显示：女孩穿着很是整齐，而且没有任何被侵犯过的痕迹，只有胸部直接被刀刺穿，鞋子和包不翼而飞。但是后来她的鞋子和皮包都在她的车里找到了，没有被翻动过的痕迹，这也就排除了抢劫杀人的可能性。

侦查人员在她的车旁边发现了一块手帕，这个证物被送去化验了很多次，却没有任何发现。

这个结果让女孩的家人无法接受，她的父亲为了找到凶手，甚至开始变卖家产，悬赏找寻凶手，但是案件依旧没有任何进展，被搁置了。

很多年以后，这个女孩的父亲找到了华裔神探李昌钰，对他说："我已经想尽了各种办法，现在您是我唯一的希望了，希望您能帮助我。"李昌钰十分同情这位父亲，于是他当机立断联系了当时处理案件的警察局，拿到了现场的照片，在重新翻看这个案件现场照片的时候，李昌钰有了重大的发现：其中一个纸巾盒上似乎有指印。于是他再次联系警察局，同时联系了检察官，希望能够找到那个纸巾盒。

纸巾盒找到了，但是比较可惜的是，因为时间过去太久，这个纸巾盒上的血指印早就已经变成了咖啡色。而且由于当年对物证进行处理的人用错了化学药品，该证物被损坏了。在没有其他物证的情况下，也只能死马当活马医，李昌钰决定重新使用化学药剂和激光等对这个纸巾盒进行处理。结果终于没有辜负期望，得到了半个指纹。

但警方在搜索指纹数据库后，却找不到能和这半个指纹匹配的人，这表明这个人没有前科。没有了线索，这个案件再次被搁置。

又过去了很多年，女孩的父亲即将去世，在去世前，他在医院给李昌钰打了电话："我只怕活不了很久了，希望李博士不要忘记我女儿的谋杀案，我一死，家里就没有人了。"李昌钰回答道："请你好好保重，我们不会忘记，警察也不会忘记。"

一桩案件被搁置了快30年，还有侦破的可能吗？尤其是这桩案件的破案关键线索仅仅有半个指纹，该如何去侦破呢？

头脑发动机

天网恢恢，疏而不漏。在女孩的父亲去世两年后，机缘巧合下，一个因为殴打妻子被抓的男子，他的指纹竟然和纸巾盒上的半个指纹匹配上了。可惜的是，这半个指纹无法成为证据，因为凶手可能会说自己是在超市中无意间接触了这个纸巾盒。

李昌钰没有气馁，背负着死者的冤屈和家属的嘱托，他再次对这个案件进行梳理。功夫不负有心人，那块被检测了多次，早就残破不堪的手帕，李昌钰在进行整理的过程中，找到了一小块鼻涕的痕迹，在DNA鉴定之后，凶手终于确定了。

至此，已经被搁置了近30年的案件，真相终于大白于天下。

长长的印痕

开启游戏

X国出现政变，新总统将原领导人软禁在首都郊外的一幢小别墅中，不能与家人见面，只有他孤零零一人。一段时间之后，他被允许饲养一条小狗，毛茸茸的小狗让他稍微心生温暖，但如果一直这样度过自己的后半生，实在是太过无趣和痛苦。而如果自杀，又太过便宜现在的当权者。思来想去，他想到了一个好主意：自杀，但是要伪装成他杀的样子，当世人知道自己被杀，都会怀疑是当权者没有容人之量，让人民唾弃当权者。

于是他苦苦思索，慢慢筹谋，终于实施了自己的计划。

那是夏日的一个清晨，阳光明媚，看守他的人久久等不到他出门用早餐的身影，于是去敲门询问，得不到回答之后破门而入，看到的竟然是他的尸体。

一时间这幢小别墅人影憧憧，尸检人员确认他是死于大动脉被割裂后的大出血，再加上割裂他大动脉的那把刀是在院墙附近发现的，如同杀人后被遗弃似的，于是，各种阴谋论开始扩散开来。为了尽快消除各种阴谋论的传播，警察局加派了人手来调查这个案件。

侦查人员发现距离他的尸体被发现已经过去了半天，室内依旧有着杀虫剂的味道，杀虫剂的瓶子已经空了。门上有个供狗出入的门洞，门洞下的垫子上发现了一道长长的湿润印痕。院子里的树下发现的那把凶器上还绑着一条令人十分迷惑的长线，长约30厘米，在树下玩耍的狗的尾巴上也同样绑着长线。

侦查人员经过一番思考之后，得出的结论是该领导人死于自杀。

这场自杀到底是如何进行的呢？当一个人切开自己的大动脉之后，如何在不惊动看守人员的情况下把刀弄到院子里去的呢？

头脑发动机

这个案件中，最容易被人忽略掉的破案关键就是门下垫子上那道长长的湿润印痕，很多人会觉得它很有可能是狗在玩的时候不小心弄的，和本案没有联系，这也是X国原领导人抓住的关键点。

简单说，这个长长的印痕是冰块在上面停留和通过时留下的。X国原领导人利用冰块连接两条线，一条线绑缚在狗的尾巴上，另一条则绑缚住刀子，等到他用刀子把自己的大动脉割开之后，就用杀虫剂朝着狗喷，狗嗅觉灵敏，闻到杀虫剂的气味之后，会从门下的狗洞爬出，这样一来，刀子也就随之被拖出去了。而用来连接两条线的冰块在跟随狗跑出去的过程中开始不断消融，刀子就自然而然被狗甩到院子里的树下，只要凶器不在尸体旁边，那么大家都会认为这是他杀。

钢丝绳的断头

开启游戏

H市市郊的一处工厂内，施工人员正在施工，一辆大吊车在作业的过程当中，突然出现失控现象，吊钩滑落，一名工作人员当场被砸倒在地。周围的工作人员急忙上前查看，在发现被砸的张宏伤得非常严重后，有人打了120，有人打了110。工厂内一团乱，等到救护车和警车都到了之后，才稍稍安静些。救护人员对张宏进行了紧急施救，但依旧没有挽救他的生命。众工友都觉得张宏的运气实在是太差了，吊钩天天都好好的，就今天他刚移动到吊钩下没多久，吊钩就掉了下来，砸死了他。

警察进行了例行查问，小工头急匆匆赶来，跑得一头汗，到了警察面前就开始抱怨，说道："这个张宏真是我的克星，死了也要让我不得安生。"在他面前的警察眉头一皱，开口问道："你这是说的什么话？谁还愿意早死吗？"

小工头急忙点头哈腰地道歉，说自己这个工程的进度目前已经延误，张宏的这个事情一出，他觉得工程的进度又一次被减慢，每天要承担的风险增加了，所以刚才自己才会出口抱怨。警察点点头，开始对他进行询问："你说死者是你的克星，他做了什么？"

小工头回答道："他刚来我这边没干多久，也就半年，已经给我找了很多事儿了。之前他因为食堂的问题，给我找了一次麻烦，我换了做饭的人。后来他又觉得我这边工资低，我当时就和他说了他可以不在我这儿干，结果他竟然联合大家罢工，没办法我就把他工资给涨了，本想着等到这个项目完工，就再也不用他了，没想到……唉……"

警察面无表情地点点头，没再说什么，让小工头自己去忙了。警察一边询问张宏的工友，一边围绕着大吊车转着看。工友说几天前听到张宏和小工头的争吵声，但不知道吵什么，不过隔天张宏就被换到了大吊车下作业。警方的技术人员在检查过吊钩之后，对负责询问的警察低语了一番，并且把一截断头稍显整齐的钢丝绳递给了他。这名警察立刻起身，找到并抓捕了小工头，小工头大声喊叫，说不知道自己犯了什么罪，为什么要抓自己。

警察冷冷地说了一句：“因为钢丝绳的断头。”小工头瞬间冷汗直冒，精神萎靡。

钢丝绳的断头藏着什么秘密？为什么小工头听了之后就不再喊冤了呢？

头脑发动机

在这个案子里，凶手行凶的关键就在于钢丝绳的断头。所以当小工头听到警察说出“因为钢丝绳的断头”这句话后，猛然被戳破的惊吓，让他瘫软在地。因为他认为自己做得已经十分隐秘了，不太可能会被人发现，但就在这短短的时间内，警察就破解了，他被吓着了。钢丝绳的断头是如何成为揭开真相的关键所在呢？正常情况下，大吊车的吊钩如果出现掉落，那么很有可能是钢丝绳的问题，钢丝绳在吊车工作的过程当中因为不断拉伸和弯曲，会产生“金属疲劳”的现象，钢丝绳的表面逐渐磨损，钢丝不断断开，磨损和断丝达到一定程度后，钢丝绳的安全性就不能保证，在吊运重物的过程中，钢丝绳会突然断裂。如果是磨损和断丝造成的钢丝绳断裂，那么钢丝绳的断头会非常不平整。但是，本案中的钢丝绳的断头却是稍显整齐的，这也就是说钢丝绳出现断裂并不是因为吊车使用造成的自然磨损，而是人为将其破坏，从而造成的断裂。

小工头在之前就已经对张宏怀恨在心，这一次张宏因为发现小工头选购的材料出现了问题，就再次找到他，对他说如果不更换材料，自己就会把这事捅出去。这激起了小工头的满腔恨意，所以他一边笑着安抚张宏，一边说给他安排一个轻一点的活计。当时小工头心中就已经萌生了杀人的念头，但为了抹除自己的杀人嫌疑，小工头就研究出这样的杀人手法：他将张宏安排到吊车下工作。之后他趁着大家休息的时候，把大吊车吊钩上的钢丝绳剪开大部分，之后的事情就发生了。本来小工头还想着自己做得神不知鬼不觉，大不了到时候赔些钱给张宏的家人就行了，没想到警察一眼就看出了问题。

地上的玻璃碴儿

开启游戏

秋日的一天，B市报警中心接到了一家工厂打出的报警电话，电话里说厂里发生了一起盗窃案，财务办公室的保险箱里存放的10万元现金没有了。

警察火速赶到了现场，现场的情形一目了然：财务办公室大门紧闭，只有玻璃窗被打碎了，碎玻璃散落在屋子内，地板上随处都是，警方初步认为是小偷打破窗户，直接跳进屋子作案。

警察对被喊来的昨晚值班的保安进行询问：“你昨天来没来

过这个房间？如果来过，几点来的？几点走的？”

保安回答说：“我每天都要巡视所有的房间，昨天我来过这个房间。我昨天巡视这个房间的时候差不多12点左右，当时这个房间所有的窗户都关得好好的，我确认过，走之前我也把门锁好了。所以，我想小偷一定是在后半夜来的。”

警察观察了一圈地上的玻璃碴儿，对保安追问道：“你确定走的时候门窗都关好了？”

保安点点头：“当然，我当时还顺手拉上了窗帘呢。”

警察皱了皱眉头，对保安指了指地上的玻璃碴儿，接着说道：“你看，地上的玻璃碴儿这么多，可以看出当时那小偷在砸玻璃的时候一定用了很大的力气，你当时没有听见任何声音吗？”

保安确认：“没有，我没有听到任何声音，”他稍微停顿了一下，“可能是因为厂房边上的那条铁路，小偷一定是趁着火车经过的时候砸的窗户。这样一来，我就听不见砸窗户的声音了。”

警察停顿了几秒，抬头对保安说：“你就是那个小偷！”

保安脸色大变。

你知道警察是如何做出这样的判断的吗？你知道为什么小偷就是保安吗？

头脑发动机

在这个案件中，问题的关键所在是窗帘。当警察询问保安时，保安的回答是他确定自己是在玻璃被打碎前就拉上了窗帘，如果窗帘真的如同他所说被拉上，那么，当小偷打碎玻璃时，玻璃碴儿会受到窗帘的阻挡，只会掉落在窗帘附近，而不是如同现场那般散落在满屋了。由此可知，保安说的是谎话，小偷就是他。

滑雪板之谜

开启游戏

冬日的一天下午，警察局得到一条线报：一名被通缉的在逃犯前几日潜入了市内某滑雪场的一幢别墅里。这名逃犯曾经是国家级的运动员，身手了得。警察局立即安排人手，迅速出警，可惜还是迟了一步，等到警察赶到别墅的时候，逃犯已无踪影。

警方对别墅进行了细致的搜索，种种迹象都表明，逃犯在此停留过。其中最重要的痕迹是在别墅后门处雪地上留下的滑雪板痕迹。不过令人感到十分疑惑的是，滑雪板的痕迹十分怪异，滑雪板留下的痕迹呈现交叉状。虽然警方已经确定逃犯是依靠滑雪板逃跑的，但是无法通过这怪异的痕迹去找寻逃犯。

就在大家一筹莫展之时，有一名警察在苦苦思索之后，突然眼睛一亮，想到了一种可能。他急忙去和这个案件的负责人商量。之后不久就抓到了逃犯。

你知道这种滑雪板的痕迹是如何留下的吗？逃犯的脚到底是如何踩滑雪板才会留下这样的痕迹呢？

头脑发动机

在这个案件中，关键的一点是：警察局收到了一份线报，上面称一名被通缉的逃犯潜入这幢别墅中。而且该逃犯曾经是运动员，这表明其身体素质比较好，运动神经发达。不过大家也再次陷入了一个认知误区：线报说一名逃犯潜入别墅，所以大家理所当然地认为该别墅中只有一个人。

其实并不是，逃犯只有一名，但其有帮凶。为什么逃犯别的地方不去，而要专门潜入这幢别墅呢？是因为需要有人帮助其逃跑。滑雪板的痕迹之所以呈现出交叉状，是因为当时该别墅中实际有两个人，两人选择使用一副滑雪板，以此迷惑警方。两个人一人用一只滑雪板，分头行动，追踪而至的警方在看到这奇怪的痕迹之后，一定会选择先调查和分析，从而让他们有了更多逃跑时间。逃犯因为是国家级运动员，对身体的控制力非常强，用一只滑雪板逃跑也很轻松，所以并不会存在很大的问题，因此，本案中呈交叉状的滑雪板印痕实际上是这么形成的。

蓝色的粉末

开启游戏

韩元开了一家侦探事务所，朋友们闲来无事的时候，总是会设置一些谜题来事务所找韩元解答。夏日的一天傍晚，韩元的朋友李澜走进了侦探事务所。李澜刚一进门，韩元就看见了他裤子的皮带纹理中有一些蓝色的粉末。虽然有点奇怪，但韩元没有说什么，而是笑呵呵地迎接李澜，让他在沙发上坐下喝茶。

李澜休息了一会儿，笑着对韩元说："你猜我今天下午干什么去了？"

韩元有些无语，无奈地摇了摇头，说道："你找我就不能有点别的事情吗？老是玩这种幼稚的游戏。"

李澜哈哈大笑，对他说："我的大侦探，这不是想让你的脑袋多用用吗？你就别逃避问题了，怎么？是猜不出来吗？那……"

韩元打断了他的话，说道："不用猜，你一定是去玩台球了。"

李澜惊讶得张大了嘴："你怎么猜出来的？我来的时候专门换了上衣啊。"

你猜到了吗？到底韩元为什么能知道李澜做过什么？

头脑发动机

上述案件游戏中已经清晰地展示了问题的关键点，那就是李澜裤子皮带纹理中的那些蓝色的粉末。这种蓝色的粉末通常是用在台球杆的顶端的，也就是大家在玩台球的时候，用来涂抹台球杆的粉末。李澜裤子皮带中有这些蓝色粉末，而且他自己也说了自己是专门换了上衣才来的，所以只有一种可能，那就是他在涂抹台球杆之后，顺手提了皮带，或是玩台球的时候，台球杆不经意间碰到过他的皮带。人们在换衣服的时候，大部分情况下不会换掉皮带。而这也就成了韩元推测的关键所在。

第二章

关注嫌疑人特征，揭开罪犯的狡猾伪装

技巧简介：将注意力集中于嫌疑人的反常表现

在案件的侦查过程中，尤其是在摸底排查中，侦查人员想要更快地锁定嫌疑人，就需要仔细观察和关注嫌疑人的反常表现，以此来发现和确认犯罪嫌疑人。也就是针对案件划定侦查范围，在范围之内，侦查人员如果发现了和案件相关的某人有着反常的表现，可以直接将其纳入侦查视线之内，如果其反常表现异常明显，则可以对其采取一定的侦查措施，以此来保证和推动案件侦查工作的进行。当然，侦查人员如果想要嫌疑人更快地露出马脚，可以选择在侦查过程中，以“打草惊蛇”的方法，假装已经发现了犯罪嫌疑人犯罪的证据，并告知犯罪嫌疑人，让犯罪嫌疑人产生自我怀疑，自乱阵脚，表现出更为明显的反常行为。

2004年，在某地曾经发生过一桩灭门惨案，据说当时现场的情况惨不忍睹。为了找到有用的证据，警方曾经多次对案发现场进行勘验。就在大家焦头烂额、一筹莫展之际，一名侦查人员在反复勘验的过程中，发现一名有反常行为的女士。这名女士住在被害人家隔壁，只要警方来案发现场勘验，她就会出现并偷看警方，而且神情紧张万分，侦查人员觉得这名女士有问题，针对她进行了一系列的调查。得到一些证据之后，侦查人员将其带回警察局进行询问，警方利用自身掌握的证据，对这名女士进行询问，这名女士最终吐露了实情：自己伙同他人杀害了被害人一家。

侦查人员没有放过这名女士的反常表现，而是选择以此为切入点，快速地侦破了这起恶性事件。

在该案件中，犯罪嫌疑人因为自身的犯罪行为，在侦查人员进行现场勘验时，不自觉地就出现了反常表现，这和其自身在犯罪过程中高度紧张的心理有关。很多犯罪嫌疑人在犯罪过程中都会出现各种各样的反常表现。所以，侦查人员在勘验案发现场的时候，一定要仔细找寻和观察，争取找到出现反常表现的犯罪嫌疑人，这样有助于快速侦破案件。

犯罪嫌疑人的反常表现主要是行为表现，也就是犯罪嫌疑人所展现出的行为和普通人的行为有着很大反差。比如在某些案件中，犯罪嫌疑人平常生活拮据，而在实施犯罪之后，犯罪嫌疑人一反常态地开始大吃大喝起来；某些案件中，犯罪嫌疑人在日常生活中并不关心社会治安状况，而当其在实施犯罪之后会异常关注警局的侦查活动，渴望了解警局的案件侦查情况。

在某些案件的侦查过程中，侦查机关有的时候甚至可以将犯罪嫌疑人的反常表现视为采取强制措施的事实依据。例如，在一起杀妻案中，丈夫因为表现反常甚至意图自杀，侦查人员将其拘留后进行讯问，而使警方顺利地查清了其杀妻的犯罪事实。在这个案件中，丈夫的自杀表现，是因为其害怕遭到法律惩罚。

侦查人员在现场勘验时，犯罪嫌疑人的反常表现主要有以下几种：

1.因自身所犯罪行表现出的反常行为。

犯罪嫌疑人在实施犯罪后，可能会对犯罪行为进行遮掩，从而出现一些与平常反差很大的言行举止。在某些案件中，犯罪嫌疑人在报复杀害被害人之后，为掩盖自身的罪行，通常会宣扬其“同被害人关系好”；有的犯罪嫌疑人在犯罪意识形成之后，会改变对被害人的态度，以此寻找机会对被害人下手。

2.犯罪后因为有了非法收益出现的反常行为。

某些犯罪嫌疑人在犯罪后，获得了非法收益，在享用非法收益时会有一些反常行为。犯罪嫌疑人在实施侵财犯罪成功之后，会挥霍非法收益；如果从犯罪过程中所得的财物不能直接用于享乐消费，他们甚至会变卖赃物，以此来满足自身所需。比如盗窃型犯罪嫌疑人通常都会在盗窃成功后大肆挥霍。而这种大肆挥霍的行为，就是犯罪嫌疑人所表现出的“经济支出明显超出其合法收入”的反常行为。

3.为逃避法律制裁而表现出的反常行为。

犯罪嫌疑人在实施犯罪行为之后，为了逃避法律的惩罚，抑或因为害怕受到法律的惩罚，会表现出一些反常行为，比较突出的就是高度紧张，甚至有的时候草木皆兵。这是因为犯罪嫌疑人在犯罪前其实大多知道自己的行为本身会带来什么样的惩罚，因此，犯罪嫌疑人在实施犯罪行为之后，就会出现反常行为，比如特别喜欢打听侦查进程、案件进展等。

一些学者认为：犯罪嫌疑人的反常行为通常可以帮助侦查人

员完成调查摸底的工作。根据不同犯罪嫌疑人表现出的在犯罪预谋阶段和犯罪结束后出现的反常行为，侦查人员可以进行有针对性的摸底调查，以此确定犯罪嫌疑人。不过，有的犯罪嫌疑人自身有一定的反侦查能力，对于这类犯罪嫌疑人，侦查人员可以创造条件来迫使犯罪嫌疑人“自我暴露”。在这种时刻，侦查人员就可以选用“打草惊蛇”或是“引蛇出洞”的策略，通过采取一定的手段，给犯罪嫌疑人造成一种即将被抓的假象，从而使得犯罪嫌疑人产生惶恐害怕之感，自乱阵脚，做出一些反常行为，暴露自己的罪行。

2006年，深圳曾发生过一起网络盗窃案，犯罪嫌疑人利用电脑网络技术将一家公司财务账户上的七十万元资金全部划走。警方接到报案后，迅速展开侦查，在侦查过程中，发现该公司内部员工有很大的作案嫌疑，但因为公司内部员工很多，无法短时间内在这么多员工中快速确定犯罪嫌疑人。针对此种情形，侦查人员采取了公开调查的方式，以此“敲山震虎”“打草惊蛇”，在该公司内部不断查封各个部门的电脑和资料，并且宣称“已经查出蛛丝马迹，希望作案者投案自首”。犯罪嫌疑人由此感觉到自身已经处于危险之中，便想要逃跑，由此暴露。侦查人员顺利地实现了自身的侦查目的。

侦探游戏：精细刻画，精准识别

乔装打扮的绑匪

开启游戏

一天下午，位于居民区的街道派出所里跑进来两个慌里慌张的男人，他们语无伦次地表达了半天，民警终于听懂了他们的话：其中一个人的妻子被绑架了。

事情是这样的：这名叫徐虎的男子的妻子是开出租车的。今天，妻子如同往常一样，中午吃过饭后就出去开车了。但是刚才他突然接到了妻子的电话。往常这个时间，妻子是从来都不会给自己打电话的，所以他当时心里就已经有了不好的预感。等到接通电话之后，那头竟然传来了一个陌生男子的声音，对方用恶狠狠的语气说道："你媳妇儿现在在我手里，你给我送来四万块钱，如果报警你就见不到她了。"

慌张的徐虎正不知该如何做的时候，哥哥徐力正好上门，听说了这件事情，也是十分慌张，但是他认为应该报警，因此两人就一头冲进了派出所。

在了解了基本的案情之后，所长认为这是一起恶劣的绑架勒索案，他立刻上报局里，市局派出了刑警支队支队长带领精干警力快速展开调查。经过周密的部署和细致的分析，调查了大量的监控视频，未发现任何异常。刑警支队支队长认为要把人质安全放在首要位置，现在要做的是稳住犯罪分子，快速营救出人质。

警方对周边地区进行地毯式调查，终于发现了人质消失的地点。监控视频显示，一名女子上了人质的车后，人质再也没有出现在监控视频当中。警方快速对这名长发女子进行调查。结果让人感到十分费解，这名长发女子如同从人间蒸发了一样，消失的无影无踪。因此，警方决定把关注点还是放在之前犯罪嫌疑人打来的电话上，终于半夜11点左右，犯罪嫌疑人再次打来电话，恶声恶气地说明了交付钱款的地方。

第二日凌晨2点左右，徐虎带着警方给准备的行李包来到了犯罪嫌疑人讲明的地方，警察已经事先埋伏好，等到犯罪嫌疑人一出现，就以迅雷不及掩耳之势扑上去。发现事情不妙的犯罪嫌疑人撒腿就跑，可他怎么可能跑得过警察，他当即被捕，而人质就在犯罪嫌疑人的身边，所以被成功解救。

但是，让警方感到不解的是，在这起案件中，那名长发的女性犯罪嫌疑人一直都没有再出现。按照犯罪分子的行为模式，如果被捕的犯罪嫌疑人和长发女子一起作案，那么明明可以一人来拿赎金，另外一人在别的地方控制住人质，等拿到赎金再放人。警方通过调查犯罪嫌疑人的背景资料，也没有发现任何关于这名女子的信息。

为了保证顺利结案，警方对犯罪嫌疑人展开了审问，最终了解到该女子的去向。

你知道这名女子在哪儿吗？

头脑发动机

经审讯，犯罪嫌疑人供认，其实该长发女子并不存在。自己因为赌博欠下了巨额外债，为了能够快速偿还，就走上了绑架勒索的犯罪道路。但是一个年轻男子很容易引起受害人的防备，为了降低人质的戒备之心，他在经过一段时间的精心策划后，到商店购买了发套和女式服装，从网上学习穿搭技巧和化妆术，最后经过精心的乔装打扮，把自己装扮成了一名女士，他还在自己居住的小区附近测试了自己的化妆效果，认为万无一失了，才开始实施绑架勒索这一犯罪行为。

这天中午，他如往常一般在街上晃荡，窥视四周，最终选定了徐虎的妻子下手，他上车谎称自己要去前面不远的集团办事情，而且还和徐虎的妻子讨价还价一番，让其彻底放下了戒心，在车子行驶到人烟稀少的路段时，他就露出真面目，拿出事先准备好的尖刀对准了徐虎的妻子。之后，他就给徐虎打了电话，他以为对方不敢报警，没想到还没拿到钱就被警方抓获了。

跛脚的村民

开启游戏

最近刑警队的张队长忙得焦头烂额，在他辖区的一个村庄中出现了连环杀手，一个月内已经出现了三起杀人案件。凶手的作案手段非常冷酷残忍，每一次的作案时长都没有超过五分钟，而被找到的被害人身上都会有很多处刀伤，刀刀命中要害。除此之外没有任何线索，无计可施之下，张队长在村子里散步，让自己放松下来。

不知不觉间已是深夜，张队长正准备回去的时候，突然发现前方不远处有异动，他急忙赶上前去，只见一个人影，对方快速逃跑，在逃跑过程中，慌不择路，摔了一跤，但很快就爬起来，跑远了，所以张队长只看到一个跛脚的人影。而等他返回时，却发现了一具血肉模糊的尸体。

恼火至极的他只能回到临时办事处，召集警员进行讨论，讨论之后决定对村民展开调查。根据当时自己看到的跛脚人影，张队长将调查的重点放在了村子里跛脚的人身上。当时摔得那么狠，嫌疑人自然会去诊所诊治。因此，张队长第二天就赶到村子里唯一的诊所询问医生。不过为了遮掩耳目，他是以受伤的名义去的。

“医生，有治跌打损伤的药吗？”

“有，您涂上这个药，立马就好。”

“哎呀，真是神奇。村子里最近有人来买这个药吗？”

“有啊，村民们干农活，总是会有些受伤的，我这个药用的人挺多的。您问这个干吗？”

“就随便问问，对了，村主任家怎么走，我找他。”

“出门右拐，直走就是。”

“谢谢啊。”

出门之后的张队长疑惑地皱了皱眉，总感觉医生身上有一股熟悉的药味。警员们经过排查发现，村民中有两个人是跛脚：一个是农民李毅，他在下地劳作的时候不小心锄到了脚。另一个是建筑工人赵理，他是在盖房子的过程中不小心从脚手架上摔了下来，摔伤了脚。

在了解完全部的信息之后，张队长坐下来思考，突然他跳起来大叫一声：“我说怎么觉得有些奇怪，原来凶手是他。”他迅速安排出警。犯罪嫌疑人被抓获，审讯过后认罪了。

你知道凶手是谁吗？

头脑发动机

凶手是村里的医生。只要细细看过这个侦探故事，就能知道凶手是非常凶残的，刀刀能够命中要害，说明其有医学背景，还要在五分钟之内作案，需要很好的体力和冷静的头脑，这些都不是一个农民和一个建筑工人能够做到的。而且最有可能接触到跌打损伤药的就是医生自己，为什么他不跛脚，因为这个治疗跌打损伤的药见效很快，所以他没有出现跛脚的情况。而且一个医生身上出现各种药味都不奇怪，但是身上一种药的味道过重就有些奇怪了。如果只是给病人治病而留下的药味，那通常应该是多种药物混合的味道，但是医生的身上有过重的跌打损伤药的味道，这表明医生给自己涂了药，而且是大剂量的。张队长由此产生了怀疑。

谁是秘密接头人

开启游戏

一名特工临时收到一份秘密情报需要转移，这份秘密情报被伪装成了一元纸币，做得非常逼真。通常，特工在接头过程中，为了确保安全，双方并不知道对方的身份，只知道接头的时间和地点，到达之后通过暗号完成接头。但是这一次情况比较特殊，因为随着这个情报而来的还有一则消息：这次的任务已经被当地警方获悉，需要更加小心应对。

所以这名特工决定提前出发，到时候见机行事。按照原计划应搭乘最早的火车前往，他临时改成坐汽车前往。等到了接头的公交站牌下后，这名特工先谨慎观察，确认情况。一个穿着破烂衣衫的老头在垃圾桶中不断翻捡；一个年轻的时髦女郎靠在广告牌的边上，似乎有心事；而她边上则是一个背着书包要去上学的十二三岁的男孩，一直在眺望车辆行驶来的方向，似乎很是焦虑。看着到了约定好的时间，该特工越来越紧张，拿出口袋中的手机看时间，这个时候他警觉地发现那个小男孩一直在不停看向他，等到被他发现之后，又看向地上。

公交车缓缓行驶过来，在垃圾桶里不断翻捡东西的老头走向年轻女子，女子向后退了一步，以避免触碰到他。这个时候该特工突然发现这名女子的高跟鞋底下竟然踩着一张一元纸币，和自己怀中的情报纸币如此相像。当年轻女子准备上车的时候，老头以他本不可能有的速度冲向女子踩过的地面，把一元纸币快速拾起，放入怀中，也紧跟着上车了。小男孩深深地看了该特工一眼，也跟在老头身后上车了。

这名特工快速摸向怀中，情报纸币不见了，他没有时间再作他想，只能赶快上车。“上车的乘客请自觉投币，单程一元。”公交车上响起了声音，年轻女子投了一个硬币，老头投了一张纸币，不过显然不是他刚拾起的那张。等到小男孩投钱的时候，他只掏出了一张五元的纸币，左右看了看，对老头说：“爷爷，您能不能跟我换下零钱，都换成一元的就好。”老头看了看他，从裤子口袋中翻找起来，只找到了三张一元纸币，最后他从怀中拿出了刚刚拾起的那张一元纸币递给了小男孩。小男孩笑了笑，把五元纸币递给了他。

公交车行驶一站之后，老头就下车了。等到两站之后，该特工和那名年轻女子一起下了车，留在车上的小男孩手中紧紧抓着纸币，对他笑了笑。

公交车开出后，这名特工站到年轻女子的身边，轻轻说了一句话："暴风雨就要来了。"

年轻女子颤了颤，接道："是啊，阴雨天。"

这时，二人身旁突然出现了很多穿着工装的人，这名特工在女子的耳边悄悄说了一句话，女子露出了厌恶的表情。

到底谁才是接头人？特工和女子说了什么？

头脑发动机

真正的接头人是这名年轻的女子，因为当时定好的接头地点就是这一站的公交站牌下。而翻捡垃圾桶的老头和那个十二三岁的小男孩都是警方的人员。因为没有哪一个以拾荒为业的老人会舍得花费一元钱坐一站公交去翻捡垃圾的，真正以拾荒为业的老人会步行前往。而那个小男孩一直表现出好像自己是真正的接头人一样，但正是这一点暴露了他的身份。前面说了接头的双方互相不认识，但那个男孩却对这名特工表现出极大的兴趣，显然他了解这名特工的真实身份。他以为自己已经获得了情报，而且没有暴露自己的身份，所以最后向该特工笑了笑以示告别。

该特工在明知道自己已经暴露的情况下，怎么可能轻易地把情报纸币掉落在地上呢，都是为了试探警方的人员。因为他们并不知道具体的接头方式和地点，所以就顺利地骗过了他们，这名特工也顺利地把假情报给了警方的人。

而他在年轻女子耳边说的是："不要乱动，装作一副惊讶的样子，我们身边都是警方的人，我已经把情报放进了你的包里。"

所以，年轻女子为了配合他就露出厌恶的表情，以麻痹周围的敌人。等到有公交车驶来时，她就如同躲避瘟疫一般快速上车，从而让警方误认为该特工意图对她不轨。

打碎的玻璃杯

开启游戏

工作日的一天，警察局接到一起报案，报案人称，发现一名死者死于家中。警方立即出动，快速赶到现场之后，警方经过对现场的调查分析，得出的结论是被害人死于昨天晚上的10点到11点。因为整个房子的隔音效果特别好，所以没有人听到异常的声音。

而死者死亡的原因一目了然，因腹部中刀失血而死，现场遗留有打斗过的痕迹，就连凶器都被处理过，上面没有任何指纹。

警方对死者家进行了更为细致的勘查和分析，发现尸体旁边不远处碎了好几个玻璃杯，玻璃杯的碎片散落的面积很大，但是在上面没有检测到任何血迹。

警方封锁了小区，针对昨天死者遇害前的时间调取监控视频发现，有两个人在昨晚的10点20分和10点40分分别出现在死者家门前，而监控并没有拍摄到他们离开的画面。这一情况引起了警方的注意，他们火速展开调查，10点20分出现在死者家门前的是一名推销员，名叫张力，脸上架了一副厚重的眼镜。当他被请到警局问话的时候，显得非常惊讶，当被告知被害人死了的时候，他万分诧异："什么？他死了？不不不，这可跟我没关系，我昨天是去过他家，但是发现他家没有亮灯，我敲了敲门，没人回应，我就走了。"

昨晚10点40分出现的李三身材十分高大，是一名现役飞行员，目前在休假。对于警察的询问，他也很莫名其妙，但他回答说："我昨晚确实去找过他，但是敲了半天门，没人给我开门，我就走了。"

警方对他们俩展开细致的调查，而二人都是一口咬定自己和死者的死没有任何关系。两个人对于自己离开小区没被拍到的原因都解释为自己从小区的南门进入，而离开时走的是北门，小区北门的监控出现了问题。

确定这一消息之后，针对现场出现的玻璃杯碎片，警方再次展开详细的调查分析，最终确定了凶手。抓捕之后，凶手很快就认罪了。

你知道凶手是谁吗？怎么确定的呢？

头脑发动机

凶手是张力。在这个案件中的犯罪现场，警方找到的打碎的玻璃杯碎片上没有任何血迹，这就说明犯罪嫌疑人和死者打斗的过程中，玻璃杯是完好的。而在死者死后，玻璃杯才被打碎，所以玻璃杯的碎片上没有任何血迹。但是玻璃碎片距离死者尸体那么近，为什么没有沾染到血迹呢？这是因为犯罪嫌疑人为了隐藏自己犯罪过程中出现的失误，杀人后布置了案发现场。

调查发现，张力有高度近视，而他现在戴的眼镜十分不合适。警方针对这件事情询问他时，他的回答是因为自己所戴的眼镜出了点小问题，所以用备用眼镜先替换一下。在现场打碎的玻璃杯碎片中，警方发现了眼镜的碎片，这就进一步加深了张力的嫌疑。为什么要在死者死后打碎玻璃杯，是因为打斗过程中，张力的眼镜被打碎了，为了隐藏眼镜碎片，所以他打破了玻璃杯。

名画窃贼

开启游戏

杰斯是美国一位非常著名的化学家，曾经获得过许多奖项，他研制出许多的化学产品投入市场，获得了高额回报，成了百万富翁。他除了化学，还有一个个人爱好是收集名画。他有钱之后就大肆收购世界名画，那些画挂满了他的豪宅客厅的墙壁。

因为满屋的世界名画，他也被很多窃贼盯上了。终于，一个受不住诱惑的窃贼在一个深夜出动。这名窃贼在进入杰斯家之前，就计划好了一切，从进门到行动，再到逃跑。这个方案看起来万无一失，但是计划赶不上变化，这名窃贼有一个很大的毛病：嗜酒如命。

本来按照计划行动之后，他已经成功地拿到了自己想要的名画。但是在逃跑的过程当中，他发现了杰斯家的高档名酒。肚子里的馋虫不断作祟，这名窃贼打开了桌子上的一瓶名酒，美美地品尝了一番之后，感觉意犹未尽。正当他准备再打开一瓶的时候，杰斯被屋子里的动静惊醒，出来查看。窃贼听到声音快速逃窜了。

第二天，杰斯发现自己家的名画失窃了一幅，选择报警。警方对现场进行勘查之后，封锁了现场，做好笔录就回去了，因为没有发现任何线索。杰斯有点失望，觉得自己可能指望不上警察了。

不过当他看到桌子上的那个被喝得只剩一点点酒的酒瓶后，脑中立刻浮现了一个计划。从这名窃贼短时间内就快喝完一瓶酒来看，他喜爱喝酒。所以杰斯决定在酒上做文章，如果计划实施顺利的话，窃贼自己就会把画送回来的。

计划好之后，杰斯立刻联系到当地报社和电视台，说自己要发表一份声明。声明发出的第二天，警局就来了一名自首的窃贼，而且他还随身携带了从杰斯家偷盗的名画。

杰斯发表的声明写了什么？为什么窃贼要自首呢？

头脑发动机

杰斯发表的声明其实是很简单的一句话：酒中有毒，自己有解药。

为什么杰斯会认为这个声明能起作用？这是因为他对窃贼在他家留下的痕迹进行分析之后，发现这个窃贼在行窃的过程当中，还经不住诱惑喝了他家的酒，这就说明这个窃贼本身有一个很大的缺陷：嗜酒如命。这样的人，其内心是很容易动摇的，只需要稍稍针对他的缺陷做一些文章，就能将其引出。试想一下，一名化学家严肃真诚地发表声明，说自己桌子上的高档名酒中被自己放了毒药，这种毒药很快就会发作，三天之后喝下毒酒的人就会毒发身亡。即便是脑袋清醒的窃匪都可能会怀疑，更何况是一个在行窃过程中还会喝酒的窃贼，他是不会也不敢拿自己的生命开玩笑的。因此，他必须自首，这样才能确保自己拿到解药。

抓住毒枭

开启游戏

英国侦探马克接受了一宗有关毒枭的案件委托，经过一段时间的追踪后，他发现这个贩毒集团在运输和交接毒品的过程当中，总会设置一些令人想不到的暗号手段，使得警方总是无法破案。最近，这个集团要转手一大批毒品。为此，马克加紧了监控的力度，希望能够马上搜集到证据，然后把所有的犯罪分子一网打尽。

一天，在往常不应该出门的时间段，这名毒枭突然出门了。这立刻引起了马克的警觉，他迅速派人跟上随时汇报情况。这名毒枭去了公园，没有任何目的地在公园绕了很久，之后，这名毒枭把一包东西塞进了公园内的一棵树上的洞中。跟踪人员耐心等待，等到确定毒枭离开且四周没有任何可疑迹象后，跟踪人员急忙上前拿出毒枭留下的东西，飞快地拆开，里面是个纸团，上面写着："下午两点钟，大教堂顶，取货。"得到有用信息之后，他又把纸团包好按照原样放入树洞中，快速离开。

有了这一消息，马克带着手下，快速赶往大教堂。毕竟是夏日，他们只能伪装成路人，散坐在树荫下。不过，令马克感到十分不解的是，大教堂的塔顶呈现半圆形，上面只有一条细长的指针，毒枭是如何到那上面的呢？又是如何藏毒的呢？

不过现下抓捕毒枭要紧，所以马克先抛除了这些杂念，一心一意地等待毒枭的出现，但是时间过去了很久，毒枭却没有出现。马克开始快速思考。根据自己这段时间对这名毒枭的了解，他通常会在交货的时候设置一些令人意想不到的暗语。这次的信息估计也是设计过的。马克开始仔细观察周围的环境，结合毒枭平常设计的那些已经为人所知的手段，站在毒枭的角度去思考，在他抬头看到大教堂的尖顶之后，终于眼前一亮，他笑着对自己说："我知道了。"

马克火速朝着自己想到的地方赶去，顺利地抓到了毒枭，并且起获了很大一批毒品。

你猜到毒品藏在哪儿了吗？如何破解的呢？

头脑发动机

其实答案就在大教堂的塔顶上，案件中说了上面只有指针，那么夏日午后，指针的阴影就会特别明显，当太阳照射到教堂的指针上时，影子就会指向一个地方，所以，顺着指针影子的方向行动，就能抓住毒枭和起获毒品了。

三个焊工

开启游戏

最近，S市的警察局非常忙碌。市里最近出了一桩银行连环偷盗杀人案，线索很少，调查方向不明确。对此，市警察局加派人手，进行全面调查分析。

令大家感到十分不解的是，犯罪现场没有任何破门而入的痕迹，因此，警方决定把调查的重点放在案发现场入口处的门上。经过详细的调查摸排后，警方发现，这几处案发现场入口处的门上都有一个共同点：门被重新修整过。因为技术高超，不仔细观察根本就发现不了。技术人员对这几处大门上被修整的地方进行分析，得出的结论是它们都是在发生被盗案的那一天被重新修整过。有此发现后，警方更为仔细地排查，发现每个被盗窃的保险箱也都有被重新修整的地方。

由此警方推断，犯罪分子应该是在打开银行大门后，先杀死了所有的工作人员和安保人员，之后就利用手中的设备破坏保险箱，拿到钱财后，又重新修整保险箱，做出保险箱完好无损的样子，然后就是修整大门，让大门看起来和被破坏之前一样。

想要快速地完成盗窃杀人，需要多人参与，并且他们关系应该是十分紧密且配合娴熟。于是警察们对市里所有在册的施工人员进行了详细的调查，最终抓获了凶手。

你知道凶手是做什么的吗？

头脑发动机

凶手是焊工，只有好的焊工才能更好地修整各种金属保险箱，而不会轻易被发现。本案中的警方人员，通过不断地摸排调查之后，发现有一家施工队，只有父子三人，并且父子三人都是焊工，焊接技术十分优秀。而且因为是父子，所以关系也十分密切，行动起来配合娴熟。

通过走访，警方发现在盗窃杀人案发生之后，他们开始拒接工作，每天都会出门大肆购物消费。这样反常的行为让警方产生怀疑。警方通过对他们进行讯问后，这三人对自己的罪行供认不讳。

持刀抢劫者

开启游戏

“别出声！要不然我弄死你！”对于李丹来说，春日的那天傍晚就是一个黑色的噩梦，当时她刚刚走出自己的店铺，准备早早回家，这一天是自己的结婚纪念日。但她的好心情只保持到她坐进车子的那一刻，在她坐进去的一瞬间，一把冰凉的利刃抵在了她的脖子上，车后座钻出来一个戴着口罩和帽子的男子，低声对她说：“开车。”

这个时候她才发现自己的车前方还站着一名同样打扮的男子，他四处观察，确定周围没人注意之后，也上了车。

李丹脑袋一片混沌，紧张过后，她开始思索自己该如何自救。如果自己开车载着两名劫匪，那么自己的下场可想而知，还不如现在搏一搏，说不定还有一线生存的希望。紧急情况下她下意识做出了选择，她伸手按下了车喇叭，巨大的响声瞬间引起了店员的注意，店员看到是自家老板的车子发出的喇叭声，就出门来查看情况，李丹借着劫匪被她这一举动震惊的一瞬间，快速推开车门，急速跑向路边，并大声呼救。更多的店员和其他店铺的人都围了上来。两名男子发现事情已经暴露，就急忙逃窜了。获救之后的李丹，马上拨通了报警电话。

警察经过调查分析之后，通过排查发现了犯罪嫌疑人，于第二日的下午就将他们都抓获了。

不过被抓到警察局的两名犯罪嫌疑人，竟然声称自己是私家侦探，他们受到一名男子的委托，对李丹进行吓唬和调查。警察觉得不可思议，不过还是对他们展开了审问，审问之下犯罪嫌疑人无从辩解，招供了。

在这个案例中，警察问了什么问题让犯罪嫌疑人快速招供了呢？

头脑发动机

这个案例中警察问的问题是：那名委托他们的男子电话号码是多少？怎么给你们打的钱？你们是怎么联络的？

因为无法回答这些问题，所以两人选择不回答，在警察的再次审问中，眼看抵赖不过去，两人只好如实交代了作案经过。原来这两个人在设计行凶的时候，因为没有经验，想法过于简单，只想着一旦事情败露就说自己是私家侦探，但是他们没有研究过私家侦探的破案方式，因此在面对警察的审问时他们无法自圆其说。

凶手就在此处

开启游戏

一个节假日，杰克和艾克斯夫妇一起外出旅游，同行的还有其他友人。

他们玩了一天，傍晚时分，大家都回到酒店房间休息了。谁料半夜酒店突然起火，杰克逃了出来，而艾克斯夫妇却死在了酒店屋子里。

警方调查时发现，艾克斯夫妇在起火前就已经被人杀害了，他们是被刀刺中心脏而死的，在房间内还找到了一个点火装置。

警方对艾克斯夫妇的同行人员进行询问，在询问杰克的时候，他回答说：“我当时因为有点事情，所以回来晚了，当时大家都已经回房睡了，我就也回了自己的房间睡觉，刚睡下不久，就被胸闷憋醒，睁眼一看，四周都是烟雾，我就大喊着大家的名字，然后往外冲。”

虽然杰克有作案的嫌疑，但是因为没有证据，所以警方只能接着询问其他同行人员。

在询问到一个名叫佐伊的人的时候，警方发现他和艾克斯有过节，他是这样回答的：“也难怪你们怀疑，我还收到过一封恐吓信呢。”说完，他拿出了一封信，信上写着：“我知道你是杀害艾克斯夫妇的凶手，如果不想被警察知道，两天后的下午3点，带300万元现金到车站的入口前。”这个时候距离案发时间仅仅两个小时。

警方立刻发现了凶手。

你知道凶手是谁吗？怎么发现的呢？

头脑发动机

凶手就是佐伊，因为他收到恐吓信的时间不对。案发后，大家都还处于火灾的惊吓中，再加上房屋被火烧，没有人会在这个时候把恐吓信放到佐伊的房间，因为那太不明智了。而且当时大家都不知道艾克斯夫妇是被刺死的，大家都以为他们的死是火灾造成的。只有真正的凶手才会知道艾克斯夫妇是被刺死的。佐伊给自己过早地准备了这封信，本来是为了让自己脱离嫌疑，没想到成了自己作案的关键证据。

别墅吸烟者

开启游戏

一幢装修豪华的别墅中发生了一起命案，死者是当地有名的富商。接到报警之后，警方迅速出动。在对案发现场进行仔细检查的时候，警方发现这幢别墅的屋外有一棵小矮树。而一名附近的邻居正好在案发时间段经过现场，他向警方提供了一些情况。

他告诉警方，案发的那段时间，他走过案发现场的时候，曾经无意中抬头看向别墅内，看到别墅内的磨砂玻璃窗内升起一阵阵的烟雾，好像是有个人在玻璃窗旁边吸烟，但是因为玻璃窗是磨砂材质，所以他看不到抽烟者的脸，而且也没有看到人影的晃动。

警方细致调查后发现，在案发的那段时间，曾经有两个人进入过别墅内，一个是身高1.83米的王宇，另一个是身高不到1.45米的李峰。通过分析证人证言，警察对犯罪嫌疑人进行了抓捕，犯罪嫌疑人认罪。

你知道凶手是谁吗？怎么发现的呢？

头脑发动机

凶手是李峰，根据邻居提供的线索，案发当时凶手在抽烟，他当时只看到烟雾飘起，却没看到任何人影晃动，如果凶手是王宇的话，那么邻居是很容易就能看到人影的。所以凶手是李峰。

第三章
识破证言漏洞，揭穿罪犯精心编织的谎言

技巧简介：从语言陈述中嗅出谎言的“气息”

在破案的过程中，破案人员几乎每天都要面对谎话百出的嫌疑人，有的嫌疑人思维缜密，也具有一定的推理能力，他们编织的谎言具有很强的迷惑性。

想要揭穿这些谎言，发现嫌疑人想要掩盖的真相，就需要破案人员抓住证词中的漏洞，使其无法继续狡辩。

在一个漆黑的夜晚，纽约市的一条大街上发生了抢劫案。一群歹徒砸坏了路灯和监控摄像头，又砸开了一家珠宝店的大门，将柜台里陈列的珠宝首饰洗劫一空。

案发后，警方迅速赶到现场，但狡猾的歹徒早已将痕迹清理得干干净净，警方搜集到的线索非常有限，只能向附近的居民寻求帮助。

在调查期间，警方遇到了一个态度积极的市民，他主动向警方报告：“我有夜跑的习惯，昨晚刚刚走出家门，就听到了几声枪响。我赶紧躲在角落里，向声音传来的方向望去，只见一辆银灰色的厢式货车停在珠宝店门口，还有几个戴着头套的人进进出出……”

“请问你当时距离珠宝店有多远？”一位警察问道。

市民想了想说："呃……好像……有100多米吧，当时天很黑，又没有路灯，我费了好大的力气才看清楚车牌上有字母E、T和数字8，希望这能给你们提供一些帮助。"

市民汇报完毕，正想离开，却被警察以"提供虚假线索"的罪名扣押了。你认为警方的处理有道理吗？为什么？

显然，这个市民的证词存在自相矛盾的地方。他一方面指出"天很黑，又没有路灯"，另一方面却又说自己能够从百米开外看到车牌上的字母和数字，这是典型的"前言不搭后语"的虚假口供，经验丰富的警察一听就会发现问题。

在现实生活中，有很多人也会编织谎言，但谎言毕竟不是事实，在细节上难免会存在纰漏。说谎者自己也很清楚这一点，所以他们常常会不自觉地重复这条谎言，而且每次陈述的细节都会有差异，这就是因为他们在潜意识里希望能够"完善"谎言，好达到自圆其说的目的。

想要揭穿这样的谎言，我们可以像案例中的警察一样，适时提出一个问题，让对方重复或强调谎言中的细节，对方就会阵脚大乱，思维也会变得非常混乱，无法继续用言语蒙骗。

当然，除了"前后不一"的谎言以外，说谎者常用的手段还有很多。有学者为我们总结出了以下这些"谎言的线索"，可供我们参考：

1.说话拐弯抹角

说谎者故意不提及关键问题，而是绕来绕去说一大堆题外话，试图扰乱我们的视线。

2. 细节过于模糊

说谎者在叙述时会使用较短的句子，以便缩短谈话时间，而且他们对于细节的描述常常显得粗略、模糊，会使用“好像”“大概”“可能”之类的说法。

3. 放“烟幕弹”

说谎者会故意说一些明显不合常理的话来迷惑我们。

4. 较少自指

说谎者不太喜欢使用第一人称“我”，这是因为他们在潜意识中希望自己能够和虚假的谈话内容相分离。

5. 加入消极措辞

说谎者的内心充满了自我怀疑，所以在言辞中常会不自觉地加入“我也觉得这听上去有些奇怪……”“你不会相信的，可是……”等说法。

6. 说话时有拘束感

说谎者常会带有一种不自在、放不开的感觉，哪怕他们正在描述一些开心的事情，也会给人以拘束感。

7. 语速不正常

说谎者需要花费时间来思考和编织谎言，语速有时会变慢，偶尔还会出现口吃现象。

8. 过多的语气词

因为思维不够连贯，说谎者在陈述时停顿次数会明显增多，而且会加入“嗯”“哦”“啊”“呃”之类的语气词。

9. 声调突然拔高

为了掩饰自己的紧张情绪，说谎者有时可能会突然拔高声调，听上去会显得有些奇怪。

掌握了上述这些“谎言的线索”后，我们可以在辩论、谈判、问讯等情境中悄悄检验对方是否在向我们撒谎。

为了提升结论的可靠性，我们还可以综合对方的微表情、微动作等多种信息来进行整体判断。

此外，我们还可以变换场合、时间，再向对方求证同一件事情，看对方的表现是否自然，应答是否能够保持前后一致。经过多番验证之后，我们就能够确定对方所说的到底是真话还是谎言了。

侦探游戏：缜密思考，谨慎判断

冬日的下午

开启游戏

在我国冬日的一天下午，马先生被人发现死在自己家中。警方通过验尸发现他是死于前一天晚上的11点左右。警方迅速展开调查，通过对案发现场的搜索和对周边人群的排查，确定了三个犯罪嫌疑人。警方对这三个人进行了调查和审问。

这三个人在警察局被讯问时，当听到自己有杀人嫌疑后，各自给出了答案。

嫌疑人赵某："你们不会是怀疑我杀了他吧。怎么可能，虽然我确实是想杀了他，但是那天晚上我在家里写小说，因为最近我的小说没有写好，人气很低，所以我在抓紧时间写小说，以及和书迷聊天。"

嫌疑人李某："我不可能有时间去杀他，我当时还在国外，还没有回来呢，那会儿我应该是在澳大利亚玩，那儿的雪景真的很美，你们有时间真应该去看看。"

嫌疑人王某："我没有不在场证明，因为那个时间我应该是在睡觉，但我怎么可能会去杀他呢，我平时连杀鸡都不敢的。"

警方在听完他们的回答之后，立刻确定了犯罪嫌疑人，认定其中一人在撒谎，所以再次对他进行审问，最终犯罪嫌疑人认罪。

你知道是谁在撒谎吗？怎么发现的？

头脑发动机

这个案件中的犯罪嫌疑人是李某。

在面对警方对自己的怀疑时，他说自己在被害人被杀害的那个时间段是在澳大利亚欣赏雪景。但是案发时间是冬天，我国处于北半球，那么处于南半球的澳大利亚应该是在夏天，欣赏雪景就不太现实了。

他还补充说让警察也去澳大利亚看雪景，明显以为自己有完美的不在场证明，觉得自己可以逃脱法律的制裁，所以才肆无忌惮。但言多必失。为了掩盖自己的行踪，他给自己找了一个相隔很远的地方，作为自己的不在场证明。但这个不在场证明恰恰是证明他是凶手的关键性证据。

间谍的狡辩

开启游戏

在“二战”期间，一个来自英国军情五处的名叫麦克的情报人员接到了一个任务：调查科学家L博士和纳粹之间的联系。去往L博士家的那天，空袭警报一直在响，麦克低声嘟囔着走到了L博士家，他认定自己只要找到线索就能够回去交差了。而且因为L博士出门了，短时间不会回来，所以他光明正大地走了进去。

正当他在L博士家找寻资料的时候，有人进来了。麦克的潜意识告诉自己，进来的这个人不简单，所以他脑子里飞快地给自己想好了说辞。进来的人是一个小伙子，他可能没有想到这个房子里竟然还有人，所以吓了一跳。还没等麦克询问，他已经慌张地说道：“我是L博士的侄子，来找他有事。”麦克对他说道：“不好意思，你叔叔不在，只有我这个管家看门。”

“这样啊，那我就先进去了，我赶飞机来的，好困，先去睡会儿。”说着就要绕过麦克进入一间房间中。

麦克没说什么，只是在后面跟随着，等到这名小伙子进入房间之后，麦克在关门的瞬间拔出腰间的手枪，指着小伙子说道：“你根本不是L博士的侄子，你的把戏太低级了，你是谁？”

小伙子虽然被吓得有些结巴，但是依然顽固地对麦克说：“你也不是管家吧，你的衣服不符合你的尺码。”因为衣服是麦克在房间里随便找来穿上进行伪装的，所以这套衣服其实很不合身，虽然第一眼看不出破绽，但时间一长就能看出问题。

麦克正要说什么，外面突然来了一名警察，他大声喊着："你们都不要动，不要狡辩，你们都不是好人，都给我出去，如果再让我看到你们偷偷摸摸地进到这座房子里，我就把你们抓起来。"

在这名警察说话的时候，麦克注意到他的胸牌上写着"国防部警察"（Ministry of Defence Police）的字样，内心有一股异样的感觉，总觉得哪里不对。但是他没有想到哪里出了问题，只是不断思索着衣服上的胸牌，好像自己是在看到这个的时候，内心才感觉到异样。所以他大声喊道："你是什么警察？你有什么权力抓我们？"

那名警察没想到会被人质疑，很生气地说道："我是伦敦警察，就是有权力抓捕你们。你们不要想别的什么点子了，老老实实地走，对谁都好。"麦克一咬牙，在离开之前，他回头看了一眼房子，他心有不甘，怎么任务就失败了呢，那个胸牌到底哪里不对呢？他苦苦思索。突然他脑海中闪过一个念头。他快速找到街边的士兵，赶往L博士的家中，终于抓获了纳粹的间谍，也就是那个警察。麦克想到了什么？他是如何确认那个警察就是纳粹间谍呢？

头脑发动机

上述案件中，对于纳粹间谍身份的确认，主要是基于两个方面：第一就是麦克注意到那个警察的胸牌上写着“国防部警察”的字样，这个部门负责的只是守卫英国国防部在英国各地的资产及所有物，包含国防部总部及所有位于伦敦警察厅辖区内的国防部资产。也就是说这个警察根本没有上街巡查的权力，当他穿着这件衣服出现时，就说明他是一名间谍。

第二就是他回答麦克的话。上面已经说了，他并没有上街巡查的权力，而他却对麦克说自己是伦敦警察，可以抓捕嫌疑人。麦克就是突然想到了这件事情，所以对这名“警察”实行了抓捕。

紧张的保安

开启游戏

深夜，一家珠宝店的首饰被歹徒洗劫一空。警方接到报案后，迅速赶到了现场。

当晚值班的保安杰德看上去十分慌乱，他用颤抖的声音对警察说：“当时我正在店里巡逻，突然有两个蒙着脸的壮汉砸破窗户，闯了进来。他们用枪指着我，威胁我面对墙壁站着，不准出声。我没敢反抗，只能眼睁睁看着他们把首饰装进了一只旅行袋。”

听完杰德的证词，警察没有说话，自顾自地勘查起现场。

没过多久，警察在地上看到了一个烟头。

“这个烟头是你留下的吗？”警察问道。

杰德慌忙摆手：“不是我。店里有规定，不能在值班的时候吸烟。”

“那这烟头是谁留下的？”警察继续盘问。

杰德更加紧张了，他吞吞吐吐地说：“可能……是那两个歹徒留下的吧……”

警察的脸上露出了狐疑的表情，杰德不由得提高了声调，大声说道：“我想起来了，就是其中一个歹徒抽的，他身上有很重的烟味……”

“你在说谎！”警察用手指着杰德，冷冷地说。

你知道杰德的证言中有哪些不合理的地方吗？

头脑发动机

在这个案件中，由于嫌疑人非常紧张，在编造谎言时漏洞百出，我们只要稍加留意，便能找到纰漏之处。

首先，嫌疑人说自己被歹徒威胁时“面对墙壁站着”，那么他就不可能看到歹徒的后续动作，可他却说自己“眼睁睁看着他们把首饰装进了一只旅行袋”，这就是一个自相矛盾的谎言。

其次，嫌疑人称烟头是歹徒留下的，但他之前又说过歹徒“蒙着脸”，那么歹徒怎么可能在蒙脸的情况下吸烟呢？所以这也是非常明显的谎言。

最后，嫌疑人说话时吞吞吐吐，在发现自己被怀疑时，还不自觉地提高了声调，这些表现也让人觉得非常可疑。

因此，警察断定嫌疑人是在说谎。

地窖里滚落的死者

开启游戏

在一个伸手不见五指的漆黑夜晚，发生了一起命案。警察到达现场后发现，死者是死在地窖中的。警方迅速对犯罪现场进行了封锁和勘查，发现死者就是这座地窖的主人杨里先生，他是因为头部受到强烈撞击造成失血过多而死。在现场搜集证据的过程中，警方发现死者是倚靠在储物柜旁边的，而通往地窖的楼梯其中一截出现了坍塌。初步认定，死者是在下地窖的过程中，因为走楼梯的时候，台阶坍塌失去重心从而从楼梯滚落致死的。但楼梯到底是年久失修还是人为造成的坍塌还需更多证据来判断。

警方对死者周边人物调查后发现，有两个人有作案时间，他们俩就是当天的报案人，警察对他们进行了询问。

第一个嫌疑人这样回答警察的问题："我那天是和朋友一起到杨里家的，我是第一次去，我们到的时候，敲了半天门没人理。跟我一起的朋友发现地窖的门是开着的，我们就决定进去看看。因为地窖里面非常黑，我觉得有危险，不想去，但是我的朋友执意要去，所以我就在外面等他，他进去后一会儿就发现了杨里的尸体，之后我们就马上报警了。"

第二个嫌疑人的回答是："我和我的朋友去杨里家，我们敲了半天门没人理，然后我看到地窖的门竟然是打开的，我就想着可能杨里去了地窖取东西，所以我就下去寻找他，没想到我刚下楼梯，就发现他死了，我很害怕，就赶紧跑上来和朋友一起报警了，之后一直在外面等待警察。”

警方的负责人在听过他们的回答后，指着其中一人说道：“你就是凶手。”

你知道谁是凶手吗？怎么判断的呢？

头脑发动机

第二个嫌疑人是凶手，因为案件中一直都在强调当天很黑，第一个嫌疑人也说了地窖里非常黑，在如此漆黑一片的夜里进入漆黑的地窖，第二个嫌疑人竟然直接看到杨里的尸体，这太不可思议了，从这里可以看出是他杀了杨里，只有凶手才能在黑暗中准确知道有危险的地方和被害人所处的地方。

游轮谋杀案

开启游戏

一艘游轮在行驶途中遇到了暴风雨，船身不停颠簸，一些旅客站立不稳，摔倒在地。船长立刻用广播发出通知，要求所有旅客暂时回到自己的船舱，避免发生危险。

谁知半个小时后，游轮上竟然发生了谋杀案，被害者是一名年轻女性，她被人用匕首刺中胸部，倒在了甲板上，已经死亡。

警察闻讯赶来，他在现场没有找到有价值的线索，便决定对附近舱房里的旅客进行调查。他首先来到距离案发地点最近的舱房，在里面看到了旅客文斯。

文斯告诉警察：“我有晕船的毛病，这几天除了进餐，几乎没有出过房间。”乘警也注意到他脸色苍白，精神不振，但是他身穿的睡衣前襟有一片红色印迹。

走出文斯的舱房后，乘警又去询问了旅客罗宾。罗宾手拿着一支钢笔，似乎正在写着什么。乘警走到书桌前看了看，发现那是一封公务信件，每一行字都排列得整整齐齐，一笔一画非常清晰。

“您一直在这里写信吗？”警察问罗宾。

“没错，这是一封非常重要的信件，我已经写了好几个小时了，快写完了……”罗宾提高声调回答。

稍后，警察又询问了几名旅客，都没有发现可疑之处。最后，他将注意力集中在文斯身上，打算对他做进一步的调查。

你认为警察的判断准确吗？为什么？

头脑发动机

这个破案游戏的难度较低，只要仔细分析嫌疑人的证言，不难发现谁在说假话。

首先我们来看看文斯的证言，他自述因为晕船没有出过船舱，而这句证言和他“脸色苍白，精神不振”的特征是吻合的。

至于罗宾的证言却有很大的漏洞：案发时游轮遇到了暴风雨，

船身不停颠簸，旅客连站稳都很困难，又如何握笔写下“整整齐齐”“非常清晰”的字迹呢？而且案发时间是在半个小时前，罗宾很清楚这一点，他为了欺骗警察，刻意提高声调强调自己写了“好几个小时”的信，这其实是弄巧成拙，反而暴露了可疑之处。

因此罗宾才是嫌疑人，可惜警察却被一个与本案无关的信息“睡衣前襟有一片红色印迹”误导了（红色印迹不一定是血迹），这才做出了错误的判断。

蓝色小皮箱

开启游戏

工作日的一天上午9点半，约克刚刚走进自己的办公室，电话就铃声大作，他刚拿起电话，那头就传来了妻子米娜的哭泣声，紧接着电话里传出一个变调的男声：“约克，你听好了，要是你不想你的太太受伤的话，就给我两万英镑，一个小时后会有个叫克尔的人去找你，你要把钱给他。等我见到钱之后，你的妻子就能回家了。否则，你的妻子……”电话突然断掉了。

约克十分慌张，妻子的哭声一直在耳边环绕，他赶忙离开办公室，匆匆进入一家商店，买了一个蓝色的小皮箱，然后去银行取出了两万英镑，直接回到了办公室，10点半真的有个男子走进了他的办公室，两只蓝色的眼睛特别像狼眼，凶狠地瞪着约克，恶声恶气地说道：“我叫克尔，据说你会给我钱。”

约克小心翼翼地询问："我的妻子呢？"

"她很好，只要我把钱拿走，她就能活着回家，记着，不能报警，不然你见到的就是你妻子的尸体了。"说完他转身拿起皮箱就走了。

克尔一离开，约克就开始往家里打电话，但是怎么也打不通，他心急如焚，咬牙选择了报警。警察很快就来了，带着他赶往他家里，等他赶到家的时候，妻子已经被释放，虽然惊魂未定，但是平安了，正在和警察交谈。

与约克妻子交谈的警察看到约克过来，就上前对约克说："约克先生，您的太太已经把所有的事情都告诉我了，包括一个男人和您给他的装有钱的蓝色小皮箱都曾提到，但是可能她受到的惊吓过大，前言不搭后语，说得比较混乱。我需要您告诉我到您办公室的那个男子的外貌特征和他拿走的那只装钱的皮箱的特征。"

约克思索了一下，原原本本地把事情说了一遍。警察走后，约克和米娜抱成一团，聊了很久。等到要睡觉的时候，约克突然想到一件事情，他急忙拿起电话打给警察局。

米娜不解，询问他要干什么。

约克说道："我让警察来询问你。"

米娜大叫起来，喊道："你为什么要这样做，亲爱的，你怎么了？"

约克深深地看了米娜一眼，没有再说任何话，警察很快赶来，一番询问后，米娜交代了。

你知道米娜做了什么吗？约克想到了什么？

头脑发动机

关键是那个装钱的蓝色小皮箱。案件中说了约克是临时去商店买的那个小皮箱，在取钱和交钱给绑匪的过程中，没和米娜有任何联系。之后打电话给米娜她也没接。所以约克才选择了报警。但是警察在询问米娜的过程中，米娜竟然知道那个蓝色小皮箱，这只能说明她和绑匪有关系。

谎言俱乐部

开启游戏

大千世界无奇不有，在这个世界上有着一个名为“谎言俱乐部”的组织，该组织成员的最大特点就是不管何时何地都在说谎话。警方追踪了他们很长时间，终于抓住了三个嫌疑人。经过仔细查探，发现他们中只有一个是俱乐部的成员，但是警方无法分辨出到底哪一个才是。

保罗警官善于解决疑难问题，于是他被请来警局。当他走进审讯室后，什么也没说，只是静静地坐在一旁。

他进来的时候，第一个嫌疑人约翰已经回答完问题，站在一边。

第二个嫌疑人詹姆斯正在说话：“约翰刚才坦白说‘我就是谎言俱乐部的成员’，你们直接抓他好了，我啊，当然不是谎言俱乐部的成员。”

詹姆斯话音刚落，第三个嫌疑人里约突然开口：“他说得不对，约翰明明说的是‘我不是谎言俱乐部的成员’，当然我更不会是谎言俱乐部的成员。”

在旁边的保罗警官突然起身，指着他们三个中的一个说道：“你就是谎言俱乐部的成员吧。”

保罗警官是怎么分辨的呢？到底谁才是谎言俱乐部的成员呢？

头脑发动机

第二个嫌疑人詹姆斯是谎言俱乐部的成员，案件中他说约翰刚才坦白自己就是谎言俱乐部的成员，而他不是，但是里约说约翰之前否认自己是谎言俱乐部的成员。要知道谎言俱乐部的成员何时何地都要说谎话，所以詹姆斯引用的约翰的话是谎话，詹姆斯说的也是谎话，所以谎言俱乐部的成员就是詹姆斯。

被“抢走”的图纸

开启游戏

这天，天刚蒙蒙亮，工程师菲尔给警察局的警长约克逊打电话，电话中他的声音很慌张，他说他昨天从公司带回家来看的一份重要的图纸被人抢走了。他希望警察能够快来帮忙。

警长约克逊迅速带人来到工程师菲尔家，在对他家进行详细检查后，他向工程师菲尔询问当时的情形。工程师菲尔回答说："我到家之后，刚开始看图纸，就突然停电了，我只好摸黑寻找家里的蜡烛。"

"你没有手电筒吗？"警长约克逊觉得有疑问，就打断他问道。

"我家从来不用电池的。"工程师菲尔先回答了他的疑问，然后接着说道，"就在我刚刚点亮蜡烛的时候，家里的门铃响了，我就去开门，门一开，闯进来一个蒙面人，他用手里的强光手电筒一直照着我的眼睛，然后用枪指着我，进到了屋内，拿上图纸就直接跑了。"

工程师菲尔说完之后，警长约克逊沉思了一下，然后瞪着工程师菲尔说道："菲尔先生，你在说谎，说吧，你把那张图纸卖了多少钱？"

工程师菲尔大惊失色。

工程师菲尔说了谎话吗？警长约克逊是如何发现的？你知道吗？

头脑发动机

在这个案件的开头，工程师菲尔就说家里停电了，而自己家里从来不用电池。但是在叙说案情的过程中，他竟然说蒙面人是按了门铃的。要知道，已经停电了的家里，门铃需要安装电池才会响，他之前说过家里不用电池，那么电铃声是如何出现的呢？由此可以看出，工程师菲尔说谎了。因为他话语前后矛盾，警长约克逊判断出他在撒谎。顺着这样的思路去思考，就很容易得出他撒谎的原因不外乎是自己不想拿出图纸，那么图纸能去哪儿呢？既然他敢报警，说明图纸绝对不在他手中了，那就只有一种可能，他已经把图纸给卖了。因此，警长约克逊才问他把图纸卖了多少钱。工程师菲尔没想到自己精心设计的骗局就这样被一语道破，所以大惊失色。

停电后的“误杀”

开启游戏

侦探小说家麦克拨打了报警电话，称自己不小心误杀了朋友贾克斯。

警方赶到麦克在市郊的别墅时，看到里面一片漆黑，而麦克正坐在门口的台阶上，身旁放着一个打开的应急灯。

见到警察后，麦克连忙迎上来说：“我不是故意杀死贾克斯的。是他突然跳出来打了我的脸，我顺手推了他一把，没想到他的后脑竟会撞到桌角上……”

警察请他先保持冷静，再把事发经过详细介绍一下。

麦克点了点头，举着应急灯走向厨房，从冰箱里取了一块冰，一边冷敷脸上的瘀伤，一边对警察说：“因为电力故障，我家已经停电三天了，可我还要在电脑上赶写一部书稿，所以只好去附近的酒店暂住几天。今晚我回来取一些物品，可一走进卧室，贾克斯就冲了出来……我们关系很好，他有我家的钥匙，我猜他是想跟我闹着玩吧，哪知道会发生这种事啊……"

麦克还想再说下去，警察却打断了他，还用嘲讽的语气对他说："你不愧是优秀的侦探小说家，编故事的能力确实让人佩服。可你欺骗不了警方，还是老老实实地交代真相吧。"

你知道警察是怎么看出麦克在说谎的吗？

头脑发动机

在这个案件中，我们可以发现，凶手非常冷静、沉着，也提前编好了一套谎言。可谎言毕竟只是谎言，无法代替真相，我们只要注意一个细节，就能彻底揭穿凶手。

这个细节就是凶手手拿的冰块。根据他的证言，家里已经停电三天，冰箱里的冰块理应融化了，但此刻他却取出了完整的冰块，这显然是一个谎言。

不仅如此，凶手说死者只是想和自己"闹着玩"，但他脸上却留下了瘀伤，这说明死者用了很大的力气打他，并不像是在开玩笑。

由此可见，凶手所说的因为停电外出的事情是不存在的，这个案件也不是误杀，而是故意谋杀。凶手与死者进行了一番搏斗，杀害了死者，自己也被打伤，这才是本案的真相。

偷吃蛋糕的人

开启游戏

暑假即将来临前的一天，同住一个宿舍的小张、小王、小袁和小黄一起到食堂吃夜宵，没想到正看到同班同学小李在偷吃食堂里的蛋糕。四人顿时义愤填膺，于是蜂拥而上，把小李带去了保安室。

没想到保安室的保安告诉他们，因为现在已经是晚上了，大家都下班了，自己一个人无法处理这件事。四人听到保安这样说，合计一下后，决定四个人守着小李，就在保安室内将就一晚，等到天亮后找老师解决这件事情。

夜越来越黑了。大家都困了，所以迷糊起来，似睡非睡中，听到了桌子推动和板凳倒下的声音，还有一个微弱的声音在喊着：“我要去医院。”大家都被惊醒了，发现小黄倒在地上，腹部插着一把刀，鲜血已经流满地了。四人慌慌张张，突然有一个人说道：“快送校医院。”大家就一窝蜂赶去了校医院，但是校医院并没有人，惊恐不安的四人手忙脚乱地抬着小黄跑到学校大门处。看守校门的保安快速拨通了报警电话，可惜已经太晚了，小黄没有抢救过来。

警察来到学校，对小张、小王、小袁和小李进行了询问和调查，因为小黄死前只有他们在场。

他们的话有着高度的相似性：自己迷迷糊糊地睡着了，好像听到了小黄的声音，睁开眼睛就发现小黄倒在地上。

小张说：“我当时坐的地方距离小黄最远，我是守在门边的，我睡得迷迷糊糊的时候听到了桌子凳子的声音，就醒了，在这之前好像听到了小黄的声音，但没在意。因为小黄当时坐在小李旁边，他说他最讨厌偷东西的人，因为这是人品问题。小李之前和小黄一起竞争过学院的奖学金，小李拿到了奖学金。可能也是因为这个原因，小黄对小李恨得咬牙切齿。”

小王说：“我当时坐在小李的侧面，我迷糊的时候感觉好像身边有风，可能是门没关严吧，毕竟我坐在正对着门口的位置。感觉像是做梦，但我听到了小黄的声音，之后就是凳子、桌子发出的很大的声音，我就醒了，发现小黄倒在地上，地上都是血。”

小袁说：“我当时坐在小黄的侧面，恍惚间我感觉小黄好像站起来了，然后就是听到他说要去医院什么的，接着就是凳子、桌子发出的刺耳声，我就醒了，发现小黄倒在地上。”

小李说：“我当时脑子想的全都是我完了，学校一定会开除我，即便不开除我，我的奖学金和名声也全完了。我爸我妈一定会打死我的，我就在这种惶恐中迷糊着，后来被桌子、板凳的声音给吵醒了，就看到小黄倒在地上，血染红了他的衣服。”

警察在案发现场搜集证据的过程当中，发现凶器刀柄上有黏黏的物质，桌子被移动的方向有些怪异。经过对凶器刀柄上物质的分析，得知是蛋糕。于是，警察再次询问小李。这一次，小李这样说：“那把刀我是摸过，但我是在食堂的时候，为了切开蛋糕用的。后来我就不记得那把刀去哪儿了。难道小黄肚子上的刀就是那把刀？”

警察意味深长地看了他一眼，说道：“别装了，你就是凶手。”接着说了一番话，小李大惊失色之后就承认了自己的罪行。

警察是如何判断出小李就是凶手的？

头脑发动机

在这个案例中，小李自己说的话是前后矛盾的。第一次被警察询问的时候，他说自己处于惶恐中，害怕自己的行为被告知父母，害怕学校会处理自己。正常情况下，一个人处于惶恐的状态，精神是极度紧张的，怎么可能会迷迷糊糊睡着。而且处于恐惧中的人，会对外界的声响非常敏感，怎么会和小王等人一起醒过来。再加上刀柄上残留的黏黏的蛋糕，可知小李就是凶手。

目击者的证词

开启游戏

冬日的一天晚上，下着大雪，居住在市区单身公寓的一名年轻漂亮的女子被发现死于自己家中。警方赶到现场勘查和初步检查后，确定是他杀，被杀的时间为前一天晚上7点左右。

对于这种恶劣的凶杀案件，警方十分重视，所以紧跟着就展开了深入的调查。调查结果显示，案发现场温度非常高，不仅瓦斯炉被开到最大，而且窗子紧闭。窗帘只拉上了半边，电灯是亮着的。在对周边进行走访调查的时候，一个年轻的男子告知警方，自己是目击者，他就住在被害者家附近。他告知警方自己看到的情况："我昨天下班回家的时候，路过这栋公寓，我好像是看到了凶案的发生，本来我以为是我看错了，但今天你们来了，我就知道我没看错。是这样的，我路过的时候抬头从窗子上看到当时这个房子内有一个金发、留着胡须的高大男子，具体样子没看清，因为他戴着墨镜。"

警方根据这名目击者的证词，很快就抓捕了被害者的一个金发男性朋友。案子被移交了法庭。法庭审判中，金发男子作为嫌疑人受审，他的辩护律师在听完警方的讲述和目击者的证词后，起身对目击者提出问题："这位证人，您说案发时候，您是路过看到了在屋内的这个人吗？"

年轻男子回答道："是的，因为她家的窗子是透明的，而且那天晚上她家的窗帘是半掩的，所以我很清楚地看见了他。"他说着指向了被告席上的金发男子。

没想到，辩护律师下一句就非常肯定地对法官说道："法官大人，这位目击者说谎了，他现在是在作伪证，他已经犯了伪证罪。而且我判断，其实他的嫌疑最大。"说着辩护律师指向了目击者，然后接着说道，"因为只有他才能做到在行凶后，把被害人家里的窗帘拉开之后逃走。同时为了洗脱自己的嫌疑，还给警方提供假口供，企图掩盖自己的罪行。"

对于辩护律师提出的问题，警方再次展开调查，没想到真的如同律师所说。你知道律师是如何推断出来的吗？

头脑发动机

在这个案例中，目击者告诉警方的是自己从窗外看到的犯罪嫌疑人——金发男子。但是案件中也说了，当时屋内特别热，瓦斯炉开到最大，热气环绕，而窗户紧闭，只有窗帘是半掩的。要知道当屋子里很热的时候，玻璃上会自然出现雾气，在雾气的掩盖下，目击者又如何能够清晰地从外面看到金发男子呢？

由此可以推断，目击者就是凶手，他为了给自己洗脱嫌疑，所以才选择在离开房间的时候把窗帘拉开，但是他忘记了把窗户打开，最终露出了破绽。

第四章

推翻不在场证明，打破诡计造成的错觉

技巧简介：打破时间、地点、人物造成的种种假象

警方在破案过程中，总是会遇到犯罪嫌疑人各种看似很牢靠的不在场证明。明明他们的嫌疑很大，但苦于不在场证明摆在那儿，案件的侦破遥遥无期。面对这种情况，想要快速推翻犯罪嫌疑人的不在场证明，破除种种假象和犯罪嫌疑人故意设下的让人产生错觉的诡计，就需要警方在侦破案件的过程当中，识破犯罪嫌疑人设计不在场证明的一些方法，让犯罪嫌疑人无从狡辩。

1. 利用时间错觉制造不在场证明

这种办法真正实施起来并不简单，把自己的手表调快并不难，把证人的手表也调快就有些困难了。这样一来，证人就会因为误判时间以为犯罪嫌疑人在被害人出事的时间段有着无懈可击的不在场证明。

2. 利用地点制造不在场证明

通常犯罪嫌疑人会利用自己熟悉地形的优势，来为自己制造不在场证明。

而有的犯罪嫌疑人会选择转移尸体来给自己制造不在场证明。

3. 利用谎言制造不在场证明

有的时候，证人也会选择说谎，如特别出名的阿加莎·克里

斯蒂的《东方快车谋杀案》，就是利用谎言掩盖罪行的例子。

针对犯罪嫌疑人可能会使用的手段，警方可以利用以下几点来进行分辨：

1. 识破所谓的密室杀人案中的假象

在所谓的密室杀人案件中犯罪嫌疑人其实是利用各种手段制造出让人认为是“密室”的假象。所以警方需要对犯罪现场进行细致观察，找寻蛛丝马迹，破除密室的假象。

2. 识别犯罪嫌疑人利用他人的错觉为自己制造不在场证明

犯罪嫌疑人通常喜欢利用他人的错觉为自己制造不在场证明，面对这种情形，警方需要快速识破犯罪嫌疑人的诡计。

侦探游戏：拨云见雾，直指事实

大富豪之死

开启游戏

一个大富豪在晚年的时候，爱上了一个年轻貌美的女子，最终把她娶回了家，婚后生活令其十分开心。很快大富豪的七十岁生日到了，他大宴宾客。但是让在场的人感到有些奇怪的是，他的年轻妻子在宴会开始的时候只露了一面之后，就说自己身体不适，去往卧室休息了。在她走了之后没几分钟，宴会大厅就冲进来一群蒙面人。他们一冲进宴会大厅，就举枪开始扫射，却离奇地只射死了大富豪一人。

等到暴徒抢劫走远后，大家战战兢兢地从桌底爬出来，惊魂未定之下赶紧报警。警方赶到的时候，年轻的妻子已经在大富豪的尸体旁边垂泪不止。带头的库伯警长一到现场就开始仔细寻找物证。在走到大富豪的尸体旁边时，他发现大富豪的脑袋上有一个非常明显的贯穿弹孔。库伯思索了一下，就对大富豪的年轻妻子进行了询问："暴徒当时冲进大厅里来了吗？"

妻子回答说："是的，您看，窗户都打碎了。"

库伯警长摸了摸下巴，再次问道："他们都抢了什么东西？"

妻子走到旁边，拿起一张清单递给库伯警长："都在这上面，请看吧。"

库伯警长定睛一看，这张清单上罗列得十分详细，仅金银首饰就有上百件，还有各种值钱的衣物等。突然，库伯警长眼睛一亮。他环视四周，找到自己的手下，对他说："今天晚上你守在这个家的门口，只要看到有外人进入或出来，就立即抓起来。"

手下很听库伯警长的话，所以尽职尽责地守在大富豪家门口，晚上，一个鬼鬼祟祟的年轻人轻手轻脚地准备进入大富豪的家中，库伯的手下一跃而起将其抓获。年轻人在警察局很快就招供了，他说自己是和大富豪的妻子合谋害死的大富豪，那群蒙面暴徒是他们雇的。

库伯警长什么时候发现大富豪年轻妻子有嫌疑的？依据是什么？

头脑发动机

在这个案件中，大富豪的年轻妻子被怀疑的第一点是她明明在蒙面人进入宴会之前就去卧室休息了，但是她却非常清晰地回答了警方提出的问题。试想，一个不在现场的人是如何在赶到宴会现场后就了解了现场发生的事情呢？这说明现场有她的共犯或是她事先就知道了这场刺杀会发生。

再者，一个突然丧夫的人，本应该悲伤异常，却能清晰地回答警方的提问并快速列出失窃清单，这只能说明她一早就知道会发生这样的事情，所以准备得很充分。

大富豪的妻子将清单递给库伯警长后，就更加深了警方对她的怀疑。因为那张清单太详细了，从报警到警察赶到，中间间隔不过十几分钟，哪来的时间把丢失的上百件物品详细地列出，所以只能说明清单是之前就写好的，只是为了应付警察的询问。

充足的不在场证明和特别详细的失窃清单，让大富豪的妻子和其同伙聪明反被聪明误，诡计被警方识破，最终落网被捕。

消失的窃贼

开启游戏

C市有名的集团大楼突然遭窃，盗贼窃取了集团内部的重要机密文件。接到报警后，凯布探长带领自己的下属急忙赶到案发现场，并快速封锁了该集团大楼。在对现场所有人员进行询问的时候，该集团的董事长博恩表示在自己前一天的晚上10点离开集团大楼的时候，所有的资料还都是完好无损的。因此，警方判定盗窃是发生在晚上10点之后，但是警察到达的时候已经是早上8点了。这中间间隔时间较长，使得侦查难度较大，为了更快破案，凯布探长邀请外出度假的奥尼探长归国，一起侦破此案。

奥尼探长火速回国，两人带领下属细致搜寻，查找蛛丝马迹，终于确定了三名嫌疑人。有了嫌疑人，两人开始对他们展开分析和调查。

这三名嫌疑人分别是：

集团董事长的秘书黛尔小姐。她的父亲曾经出任集团的市场部经理，不过工作中因为出现重大失误被辞退，黛尔小姐却认为父亲当年所犯的错误其实很小，不应该被辞退，这件事情成了一根扎在她心中的刺，她一直想找机会替父亲报复集团。

集团的安全主管查理。他在来到集团之前，曾经在对手集团工作过，不排除他是对手集团派来的间谍，而且安全主管也更容易接触到机密文件。

集团的首席执行官马利。此前他曾经被怀疑和对手集团的人有非常密切的联系，因此他很有可能窃取集团机密文件来换取自己去对手集团任职的机会。

不过现场调查监控视频时却发现，案发前一天晚上10点之前，他们三人都已经离开了集团大楼，到警察到来之前，他们也没有再返回大楼。集团大楼的保安表示在自己打电话报案之前，没有任何可疑的人出现。

凯布探长百思不得其解，窃贼是如何神不知鬼不觉地偷走机密文件的呢？

奥尼探长却有了新的思路，他笑着对凯布探长说："既然我们已经排除掉了所有的错误答案，那么剩下的就是正确答案了，你没发现，窃贼一直都在我们面前吗？"

那么究竟是谁窃取了机密文件呢？

头脑发动机

窃贼就是大楼的保安。因为是他报的警，所以警察第一时间就把他的嫌疑排除了，毕竟丢失的是集团的机密文件，一个保安如果偷盗了文件为什么还会报警，而不是逃之夭夭呢？他作为报案人，不仅能够参与到案件的调查当中，而且可以躲避警方的侦查视线。当时三名嫌疑人都在董事长离开大楼之前离开了，而保安却要值夜班，留守大楼，很容易监守自盗，贼喊捉贼。

铁轨旁的尸体

开启游戏

清晨，火车站工作人员发现铁轨旁有一具尸体，便急忙报警，警方火速出动。死者的尸体倒在铁轨的岔路旁，距离尸体不远处有一座桥。法医现场对死者进行了检查，确认死亡时间是前一天的晚上11点，死者死于中毒。

警方对死者的周边人员进行走访调查，最后有了三个嫌疑人。第一个嫌疑人欠了死者一万元钱，第二个嫌疑人声称死者欠他钱，第三个嫌疑人是和死者有龃龉的亲戚。

警方立刻传讯了三个嫌疑人。

下面是对他们讯问的结果。

第一个嫌疑人说：“我那个时候应该是去散步了，好像是到了桥上，不过四周漆黑，我没有看清楚。”

第二个嫌疑人说：“我那个时间段应该是在看球赛，这个可以问我妈，她能给我证明。”

第三个嫌疑人说：“我那天晚上去参加了朋友的生日会，闹到半夜才回家，他们都可以给我证明。”

对着三人的口供，警察沉思了片刻，心中已经有了怀疑对象，但是他还不是特别确定，所以他又去了案发现场，这时刚好有一辆火车从桥下驶过，他脑中灵光一现，确认了凶手。

你知道三个嫌疑人中哪个是凶手吗？

头脑发动机

在这个案件中，被害人死在铁轨的岔路口，而且上文也交代了被害人尸体不远处有一座桥。第一个嫌疑人给出的不在场证明是自己去散步了，走到了那座桥上，但是周围漆黑一片。这就令人十分疑惑了，试想一下，通常人们散步都是去人群聚集处或是灯光明亮处。如果是去僻静处或是灯光昏暗的地方，一般要与人同行。但是此案中的第一个嫌疑人大晚上一个人去桥上散步，这就很令人怀疑。

再加上他欠了受害人的钱，可能是假借还钱的名义去了被害人家中，趁其不备，对其下毒，之后戴上手套，用车将死者的尸体拉到岔路旁布置现场。

时钟透露的秘密

开启游戏

夏日的一天，S市一家24小时营业的商店被抢劫，店内的一名员工也被杀死。警方调查现场的时候发现，匪徒作案手段高明，应该是有着丰富的作案经验，他竟然知道以特殊手段在抢劫杀人之前就干扰了摄像头，所以警方没有办法通过监控录像查找到犯罪分子的信息。更为可恶的是，被杀死的店员是被刀割断颈动脉流血而亡的，可见匪徒是极其凶狠的。警方通过走访和排查后，找到了三个自称是目击证人的人，他们是该商店店员、热心路人以及来店购买商品的学生。

警方对他们进行了询问，得到了他们的口供。

店员："今天我是晚班，被害的那位同事是夜班，我们交接的时间是晚上11点40分，我交接之后就去了员工休息室，准备换完衣服就回家了。当我打开员工休息室的门时，看到一个身穿黑色衣服的蒙面壮硕男子拿刀对着那位同事，我当时吓住了，无法动弹，等到那个黑衣蒙面男子离开之后，我才拿起电话报了警。"匪徒之所以看不到报案人，是因为商店中的员工休息室与商品区之间隔着一块魔术镜，从外面是看不到里面的情况的，只会以为是商品区，所以报案人才逃过一劫。

热心经过的路人："我当时正好经过这里，听到里面的动静很大，我就走了进来，看到一面大镜子前，一个男人背对着镜子和一名店员纠缠，我没有看到这个男子的正脸，但是我能确定的是他不是故意要杀死这名店员的，店员是在纠缠中被这名男子失手杀死的。当时我看到镜子里时钟显示的是晚上11点40分。”

来购买商品的学生：“我今天回来得晚，准备到店里买一包泡面当夜宵，远远地我就看到一个黑衣人的身影对着员工的脖子挥舞着刀，我刚拿出手机准备拍照，那个黑衣人听到动静赶紧跑了，我记得看到他的时间好像是晚上11点40分，我的视力很好的，不近视。”

负责询问他们的警方负责人在看过口供之后，非常气愤，指着其中一人说道：“你再胡说八道我就以妨碍公务的罪名拘捕你！”

你知道是谁说谎了吗？依据是什么？

头脑发动机

在这个案件中，比较关键的一点是店里的大镜子。通过店员的描述可知那是一面魔术镜，如果从外面朝镜子看只会认为这是一面正常的镜子。路人说自己从外面看到镜子里的时钟是晚上11点40分，但是众所周知，镜子里照出的物品与现实中的物品是左右相反的。综合店员和学生的话语可知，案发的时间是晚上11点40分，那么从镜子里看到的指针显示，应该是凌晨1点20分。由此可知，这个路人说了谎，很有可能他就是匪徒。他之所以会装成热心经过的路人，一是为了给自己一个完美的不在场证明，二是为了了解警方破案的进展。他说自己看到的是晚上11点40分，这就表明他不是从镜子中看到的时钟，他说了谎。

氰化钾中毒事件

开启游戏

在美国，有一个标准的成功人士艾瑞克，在35岁的时候就成了纽约市一家公司的高级主管兼市场营销部经理，他被派往波士顿处理分公司里的一些事情。

第二天早上7点，他选择自己开车前往波士顿。驱车大概三个小时后，艾瑞克就到达了波士顿的艾维格酒店，这家酒店不仅是家高级酒店，而且是他遇到自己第一任妻子的地方，距今已有十年的时间了。艾维格酒店是波士顿一家专门提供给出差人士住宿的酒店，拥有一流的服务和监控系统，而且每间客房里的装潢都非常美观。

艾瑞克登记好资料后，就随着酒店的服务人员来到了位于6层的他的房间6004。可能是这么多年工作习惯使然，到达房间后，他放下行李就立刻赶去了分公司。波士顿的这家分公司是总公司最为关注的，所以常常有一些高层领导来这里指导工作，分公司的职员见多了也就不太在意了。所以艾瑞克到来后并没有任何员工给他举行什么欢迎仪式，甚至有的员工根本就不知道今天会有总公司的人来这里。唯一知道详情的就是分公司的总经理，因为这一次需要艾瑞克处理非常棘手的事情，会牵扯到一些人的利益，总公司觉得不适合让太多的人知晓，所以也没有下发什么文件通知员工。

在分公司总经理办公室中，艾瑞克一直待到了下午3点，两人终于达成共识，于是艾瑞克离开分公司，参加自己早就定好的一个约会。虽然公司的事务比较重要，但既然共识已经达成，事情算是成功了一半。

艾瑞克在来波士顿之前就和一个歌手苏菲约好了在街边的一家咖啡店见面，时间定在了下午3点40分。在还没到约定时间之前，艾瑞克漫步在街头，想着他和苏菲的暧昧关系。他虽然喜欢苏菲，但不想现在踏入婚姻。就在这个时候，他看到了初恋女友贝瑟，他低头看了看手表，才3点18分。两人尴尬地聊了几句，艾瑞克发现已经是3点30分了，于是他告别了贝瑟，进入咖啡厅。

苏菲早就等候在咖啡厅里了。艾瑞克急忙向她道歉："对不起，路上遇到一个熟人所以迟了。"

"没事，没事。"苏菲一点都不在意，"就是听说你来了波士顿，请你吃个饭。"艾瑞克发觉自己有点饿了，这个时候他才想起自己到了波士顿这么久，竟然一直都没有吃饭。苏菲喊来了服务生，点了两份牛排，两个人就在这种温馨的气氛下聊了大约两个小时。令艾瑞克没想到的是，苏菲也住在艾维格酒店。这让艾瑞克更加兴奋，觉得这是老天赐予自己的机会。

结束约会后，时间已经快到下午6点了。于是两人商量一起回酒店。二人同乘电梯，到达6层后，艾瑞克走出电梯，和苏菲挥手告别后回到自己的房间。因为今天过得非常完美，所以艾瑞克心情愉悦地拿出香烟吸了一口，没想到这唯一的爱好葬送了他的生命，他在吸了几口烟后就倒地身亡了。

警方迅速出动，法医检验后判断艾瑞克的死亡时间在下午6点零5分左右。发现尸体的是苏菲、艾瑞克的同事马尔科和酒店的服务员。负责调查此案的警官已经了解过艾瑞克的全部信息，在听到发现尸体的人员中有马尔科时就愣了一下，对现场询问的警官确认道："是马尔科？艾瑞克的对头？他和苏菲认识？"

现场调查的警官回答说："并不认识。是这样的，苏菲说她在7点30分左右想去找艾瑞克一同出席一个晚会，就在她敲门的时候，马尔科正巧来找艾瑞克。于是二人一同敲门，但是很长时间都无人应答，所以就叫了服务人员来，打开房门，就发现了艾瑞克的尸体。"

而且从现场找到的证据显示，艾瑞克是死于氰化钾中毒。艾瑞克的右手食指、拇指和中指上皆有毒物痕迹。不过中指的痕迹比较少。由此可以判断出艾瑞克是通过香烟摄入氰化钾的。艾瑞克的尸体旁边掉落了一根香烟，因为是掉在房间的地毯上，所以没有烧完就熄灭了。目前只在过滤嘴部分查到了毒物。而艾瑞克是在吸了几口香烟后就死亡了。

整包香烟是在艾瑞克的身上发现的，里面只缺少了掉落在地毯上的那一根，所以警方判断这包香烟是新买的。香烟的盒子上发现了毒药的痕迹，但是不多。里面的香烟都没有检测到毒药。

至于如何在艾瑞克抽的香烟里放入氰化钾，目前警方还没有找到答案。而关于艾瑞克抽烟的问题，他身边的人都知道他自从三年前离婚之后，烟瘾就变得很大。而通过对现场证据的搜集，警方发现除了他住的房间的门把手、打火机和西装之外，其他地方并没有氰化钾的痕迹。

案发现场玄关的柜子旁放着艾瑞克的行李。桌上有一盘水果，落地窗紧闭，窗帘也拉了起来。房门是锁住的。不过艾维格酒店的房门是从里面、外面都可以锁上的。目前警方能够确认的嫌疑人有三个，分别是苏菲、贝瑟、马尔科，他们都有着一定的杀人动机。

三个人的不在场证明各不相同。苏菲说自己和艾瑞克分开后就回了房间。贝瑟说自己今天去港口接人，之后就等在港口，但是并没有接到人。至于马尔科，他在晚上7点前一直都在公司工作，工作结束后，听说艾瑞克来了波士顿，就驱车来到了艾维格酒店，想要和艾瑞克聊聊，之后就见到了艾瑞克的尸体。

警方在综合所有的痕迹和证据，经过一段时间的分析后，找出了犯罪嫌疑人。

你知道犯罪嫌疑人是谁吗？嫌疑人又是如何给艾瑞克下的毒呢？

头脑发动机

凶手是苏菲。我们先要确定艾瑞克是在哪里接触到毒药的。

根据案件情况来看，这个地方必须满足几个要求：艾瑞克一定会接触到，而别人不会接触到；在艾瑞克回到房间之前不会接触到，否则酒店别的地方必然会留下毒物的痕迹。这样一来就可以排除以下这几个地方：艾瑞克和苏菲约会的餐厅、艾瑞克的行李、电梯按钮、香烟盒子、香烟、西装、门把手、打火机等。

艾瑞克是在进入房间后才开始抽烟，然后中毒而死的，所以如果是在香烟上下毒，门把手上不会检测到毒药。苏菲是把毒下在房卡上，这样可以保证艾瑞克在接触后就会中毒，事后她也很容易调换。艾瑞克在使用了房卡之后拇指便沾染上了毒药，也正因为使用房卡开门时只需要刷一下，所以只要在卡的背面下毒就可以保证艾瑞克的拇指会染上毒药，而房门的读卡器却不会沾上毒药。只要把房卡掉包，警方自然也不会发现房卡上的毒药。只要他这时候吸烟就会摄入氰化钾导致死亡。而马尔科在这之前根本没有接触过艾瑞克，所以下毒的只可能是苏菲。

可是要怎么保证艾瑞克一进入房间就立刻吸烟呢？虽然艾瑞克的烟瘾很大，但是这也不能保证他一进房间就会立刻吸烟。而苏菲能够如此大胆，是因为她对艾瑞克特别了解，一个绅士是不会在和心仪的女性接触的时候吸烟的，而在忍受烟瘾很长时间之后，艾瑞克回到自己房间的第一时间便会把香烟拿出来，点火，放到嘴边，从而毒死自己。

密室杀人案

开启游戏

这一天，毛利小五郎收到了苏方红子的宴会邀请，于是带着柯南和小兰一起去参加。在去往宴会的途中，他们发现一棵树挡住了道路，所以他们只能下车查看情况，而在树的下面，他们发现了一封威胁信，内容是威胁小五郎他们不要去参加这次宴会。

当然，小五郎一行人并不理会这一威胁，到达苏方红子家中后，他们看到来赴宴的人有摄影家桐正纪、棒球运动员松平守、塔罗牌占卜师常良遥小姐、歌手蓝川冬矢先生等。苏方红子家的房子的布置是左右对称的，所以来赴宴的客人们分成两拨进入，最终在中间的大厅相遇。大厅里展示着苏方红子收藏的面具等藏品，柯南不小心碰到了一个按钮，众人因此就看到了200个萧布尔制作的假面，人称“诅咒假面”。

作为主人的苏方红子急忙出来说，雕刻家萧布尔在做好200个这样的面具后，选择用自杀的方式结束了自己的一生。就在他自杀之后，他雕刻的假面忽然散落一地，仿佛在吸食他的鲜血一样，这就使得萧布尔在死后声名鹊起，而他雕刻的假面散落到社会中，传说拿到假面的人都会离奇死亡，因此流言蜚语就开始盛行了。

苏方红子还解释说，自己为了不让这些面具作怪，所以每天晚上12点就会把这个大厅锁上。

但是令大家没想到的是，这天晚上，苏方红子就死在了自己的卧室中，她的喉咙被割开了，那些假面就散落在她的周围，上面都沾了鲜血。令大家感到奇怪的是，苏方红子的卧室里上了两道锁，窗户也是封住的。这也就是说，她在密室中被杀，而在场的人根本无法做到，因为大家进不到苏方红子的房间里。

难道真的是假面杀害了死者吗？你怎么认为？

头脑发动机

其实凶手的作案手法很简单：凶手蓝川冬矢事先打开放假面的大厅，将假面偷偷地拿出来，然后锁上门，把假面直接运到苏方红子的卧室门外，将一把刀在刀柄上面系上橡皮筋，从气窗送进苏方红子的卧室，之后再用橡皮筋穿过假面的眼睛和嘴，慢慢地把200个假面都送了进来，紧接着他拉紧橡皮筋，假面便会全部排成一列，刀子此刻就会出现在苏方红子的正前方，凶手一拉橡皮筋，刀子就会割开苏方红子的喉咙，最后蓝川冬矢毫不犹豫地将橡皮筋切断，假面就散落一地。所谓的密室杀人就是这样做到的。

至于蓝川冬矢为什么要这样做，那是因为他在两个月前收拾母亲的遗物的时候，发现了母亲的日记。他因此知道了15年前，苏方红子开车撞人后驾车逃逸，再把自己的秘书杀死，并伪装成自杀，让其替自己承担肇事的责任。这个被杀的秘书就是蓝川冬矢的母亲，对于这样一个杀害自己母亲的女人，蓝川冬矢深恶痛绝，因此杀死了她。

鱼缸的证明

开启游戏

夏日的一天，下午3点左右，金鱼专家芥川去往朋友龙京家问些事情。他发现敲门没人应答后，选择进入朋友的家中，没想到朋友龙京躺在自家院子的阳台上，头部涌出很多的鲜血，他已经死亡了。看到这种情形，芥川赶紧报警。

之后他看到朋友的身边有一个摔碎了的圆形金鱼缸，里面的几条金鱼也早就已经死了。他记得之前金鱼缸是放在阳台的桌子上的，阳台是由排水性比较好的水泥浇筑成的，盛夏的阳光肆无忌惮地照射在上面。所以他认为这个金鱼缸应该是在朋友被袭击之后，才掉到地上摔碎的。

在他想着这些的时候，警察赶到了。警察迅速对现场进行搜查之后，得出结论：虽然金鱼缸的水早就被太阳晒干了，但是金鱼还没有晒干，这就说明金鱼缸被摔碎的时间很短，因为如果摔碎的时间很长的话，盛夏的阳光早就把小金鱼晒干了。

警察随即对被害人的社会关系进行分析和调查，终于找到了嫌疑人，他就是被害人的义弟。目击者称，当天上午11点左右，看到嫌疑人从被害人家的后门探头探脑地出现，后来悄悄溜走了。但是，在那之后，嫌疑人却再未出现在案发现场。

如果他是在四个小时前犯案的话，那么被摔碎的金鱼缸中的金鱼应该早就被晒干了。但后来警方找到了证据，直接抓捕了嫌疑人。

你怎么认为呢？嫌疑人是如何作案的？

头脑发动机

在这个案例中，金鱼的死亡时间是一个关键点，只有确认了金鱼的死亡时间，才能揭穿嫌疑人的不在场证明。案例中的犯罪嫌疑人为了给自己制造完美的不在场证明，利用冰箱把小金鱼冻住，以此来延长金鱼被晒干的时间，让自己排除嫌疑。但是，犯罪嫌疑人忘了一点，那就是鱼缸。当鱼缸被摔碎后，虽然，把金鱼冷冻了，使其没有被晒干，但是鱼缸的破碎时间是无法造假的。

金鱼的死亡时间和鱼缸被摔碎的时间不符合，只能说明是有人做了手脚，这也算是犯罪嫌疑人的一大漏洞。

贝克街凶杀案

开启游戏

在贝克街上的一家俱乐部中，夜晚时分发生了一桩凶杀案。

死者死在了自家的地毯上，她住的是单身公寓，地上有地毯，她趴在地上，背部中枪而亡。死者右手边的地毯上被死者用血写下了字迹，看着像是“Solh”。而死者是该俱乐部中出了名的美女，性格非常高傲，能和她保持交往的只有三个人，分别是汉斯（Hans）、霍摩斯（Homos）和索利（Soly）。这三个人的情况如下：

汉斯在俱乐部中的代号为1082，霍摩斯在俱乐部中的代号为1042，索利（Soly）在俱乐部中的代号为1013。最近被害人有了新的爱人，之前，也只有索利俘获了她的芳心。所以警方认定这三人有作案嫌疑。

第二天，警察分别传讯了他们。汉斯在给警察的口供中说自己昨晚独自一人在家写小说。

霍摩斯说自己昨晚吃过晚饭之后，就独自出门散了会儿步消食，之后就回家睡觉了。

索利说自己昨晚和朋友在一起玩杀人游戏，并找来了当时所有的玩伴为自己做证。

警方负责人在听了三人的口供之后，仔细观察了地毯上的血字，经过研究后立刻找到了真凶。

你知道真凶是谁吗？

头脑发动机

在这个案件中，真凶是汉斯，虽然他有不在场证明，但他并没有其他证人证明自己的话，而且死者临死前已准备在地毯上写下“h1082”，但“8”字写到一半的时候就断气了，使得这个数字很像“S”，嫌疑人看到被害人用血写下的字，当场灵机一动，把地毯的方向调换了，以此嫁祸给索利（Soly）。之所以会误导旁人，是因为手写体的“h”和倒写的“y”区别不大。

但是地毯被移动后，是会留下痕迹的，警方通过痕迹发现地毯被移动过，而谁会移动地毯呢？那一定是犯罪嫌疑人了。

第五章

破解暗号留言，搜集隐藏的破案信息

技巧简介：发现符号与符号之间的联系

在破案的过程中，警方很多时候会在现场发现一些奇怪的符号，而这些符号通常是侦破案件的关键所在。凶手或受害人在犯罪现场留下的符号可能包含重要线索，如何破解符号与符号之间的联系就成了破案的关键。

在电影《唐人街探案2》中，王宝强饰演的唐仁和刘昊然饰演的秦风所要调查的案件中的被害人是一名华人，他被人下迷药后开膛破肚，身体被人用左手切开了一个Y字形的伤口，取走了心脏。

那么，谁是凶手？杀人的动机是什么呢？

唐仁阴错阳差地发现了案桌下描绘的道家符号。如果能破解这个符号，说不定对破案会有帮助。

陈英警官提供了一个线索，几天前在河岸边发现一具白人女尸，被人以同样的手法取走了肾脏，在案发现场同样留下了一个符号。

两起案件中使用同样的符号，这说明犯罪嫌疑人很有可能是同一人或是互相有联系的人。秦风调取了案发时的监控录像进行对比，发现在这两处案发现场中，有一个人一直都在，这个人是宋义。

于是大家都怀疑宋义就是这两起案件的杀人凶手。

发现宋义是犯罪嫌疑人后，秦风和唐仁就来到了纽约唐人街专为华人提供工作机会的地方。他们成功拿到宋义的活动资料之后，通过计算宋义出现在各个地点的概率，最后定位到他最有可能居住的地点，并顺藤摸瓜找了过去。

在寻找宋义的过程当中，秦风和唐仁根据连环凶手的变态心理和杀人动机，分析出犯罪嫌疑人在幼年时期会出现尿床、喜欢纵火以及虐待动物的行为。但是宋义并不符合以上特征，线索到此断了。

在一筹莫展之际，秦风和唐仁决定回到案发现场再次调查。与此同时，在白人女子尸体被发现处，他们通过计算水流速度找到抛尸地点——一个废弃的船厂。在案发现场他们惊讶地发现了一个道家符号。

这也就表明其实这个符号才是凶手布置案发现场的关键所在，于是，两个人开始找寻符号与符号之间的联系。他们来到师傅莫友乾家，了解到这个符号是镇灵符，意在将死者灵魂镇于原地，不能往生，也不能回来寻找杀人凶手。

两个人接着在师傅的指引下，前往纽约市立图书馆翻阅书籍，结果却发现那本相关的书最后一页被撕去。

为了查到最后一页的内容，秦风找到黑客来帮忙，查到了该书的借阅记录，却再次发现了宋义的名字。宋义对此给出的解释是神秘人Q指引他去找的这本书。

于是，两人在宋义的提议下前往公园，却撞见了凶手的第三次行凶，但他们没有抓到凶手。为了调查第三名死者的信息，他们前往法医所在的医院，查到了死者被取走的竟然是脾脏。唐仁灵机一动，忽然想起了三名死者之间存在的联系。肾主水，肝主木，心主火，脾主土，肺主金。

特定的时间，特定的地点，特定的杀人方式，被害者都是在自己生辰八字对应的地点被取走了相应的器官。取走器官的目的只有一个——炼丹，以求长生不老。那本书的最后一页肯定也是写着这样的内容。

琢磨出了凶手的行事规律和动机之后，唐仁通过自己的学识算出了第四次凶杀案将发生的地点和时间。同时，三人发现了一个不可能出现在三处案发现场的物质——糖，并且定位到糖厂。

秦风与唐仁和警方一起赶往糖厂，终于顺利抓捕了嫌疑人。但是，生辰八字同样属性的人那么多，这四个被害者是如何被挑选出来的呢？

这个时候，通过对比数据库，秦风发现了死者都曾在法医所在的医院就医过，加上秦风之前发现了法医是左利手，且身患癌症，曾借阅过道教书籍，使用手术刀手法娴熟，确认了法医便是杀人凶手。至此，所有问题得到解决。

从上述的故事中可知，想要快速破案就需要了解暗号所表达的信息。但是暗号的种类多种多样，要懂得一些基本的暗号规则和编写形式，才能帮助你破解符号与符号之间的联系。

1. 了解暗号的规则

暗号通常包含规律性，也就是说一个暗号可能只遵循一种编写形式，除非有特殊情况，否则不会出现一个需要同时遵循两种编写形式的暗号。

2.明确暗号的常见编写形式

最常见的密码编写类型是英语字母表，26个字母与26个数字对应。例如，a代表01或1，b代表02或2，以此类推。

除此之外，还有数字切换、文字切换、字母表变换、节日风俗习惯等，这里就不再一一列举了。

当然，以上的编写像是可以混合使用，混合的形式越多，暗号就越复杂，越不容易被破解。

侦探游戏：找出规律，解读密码

纸条暗号

开启游戏

温阳镇派出所的所长给市公安局局长打电话，说这边破获了一个走私团伙，而从犯罪嫌疑人身上查获了一张写有“腊子桥”三个字的小纸条。经过多方调查，警方发现这是该走私团伙的暗号。

于是局长紧急出发去往温阳镇，在当地进行了细致的调查，发现该镇只有一座名叫解放桥的桥，假定纸条上的“桥”就是指的这座桥，那么，“腊子”二字，肯定指的是接头时间了。局长是位思维非常敏锐的警官，他思索了一番，发现现在即将过春节，而“腊子”很有可能与此有关。于是和派出所的警官们加班加点，终于破解了暗号，将前来接头的犯罪分子全部抓获。

“腊子桥”三字暗喻什么？你知道该怎么破解吗？

头脑发动机

在这个案例中，刚开始就已经说明了温阳镇上只有解放桥，那么“腊子”在很大程度上可能是指接头时间。子是子时，也就是深夜十二点。当时已经是腊月了，腊字的一半是“昔”，可以得出“腊子桥”是腊月二十一（廿一）日深夜十二点接头的暗号。

律师的烦恼

开启游戏

一栋高档公寓内出现了死者，死者是一名非常出名的律师。犯罪现场整洁异常，被害人的尸体上插着一把刀，而他身边却有着一个用他的血液画出的约15厘米 × 15厘米大小的涂鸦，这个涂鸦令警方感到十分疑惑。

警方对该律师的亲朋好友进行了走访调查，最终找到了三个嫌疑人。第一个嫌疑人是和该律师有着私人恩怨的律师何围，之前他的一个大客户成了被害者的客户，这让何围内心极度不舒服，总是喜欢找被害人的麻烦。

第二个嫌疑人是和被害人因为案件存在个人恩怨的个体户张三，他是因为被害人曾经处理过一个案件，造成他的妻子入狱，因此张三对被害人非常怨恨。

还有一个嫌疑人是向被害人求爱不成的酒吧老板李丽，因爱生恨，非常想找机会报复。

被害人被杀害的当天，三名嫌疑人都曾出现在被害人的住处附近，而公寓的监控不巧那天出现了故障，所以警方只能对三个人进行询问。三人都承认自己来过被害人家附近，但都说自己没有进入他的房间。对此，警方仔细研究了犯罪现场，终于确定了犯罪嫌疑人。

你知道犯罪嫌疑人是谁吗?

头脑发动机

这个案件的关键证据就在于那个涂鸦。试想一下，一个将死之人，为什么会选择在死亡来临时用血去画一个涂鸦呢？这是很不符合常理的。这就说明，凶手无法清理被害人用血画下的东西，因此就将其乱涂变成涂鸦。由此警方查出犯罪嫌疑人就是律师何围。当他发现死者在地毯上用血写下了“围”字的时候，血已经渗透进地毯，自己根本没有时间清洗地毯了，所以他只能将血字改成涂鸦。

数学博士的留言

开启游戏

教师卡瑟琳住在一座单身公寓中，她的邻居是一个数学博士，他们之间的关系还不错，这个博士非常喜欢三角函数，虽然卡瑟琳不怎么懂，但相约外出的时候还是会听听博士的讲解，有时候博士还会讲到三角函数的转换公式等。卡瑟琳很多时候只能听个大概，有的时候确实不解其意。这一天，卡瑟琳再次约邻居出门的时候，发现他家门户大开，人却不见了，只有家门口贴着一张小纸条，上面写着："in c tan"。

卡瑟琳觉得莫名其妙，但直觉告诉她博士一定是出事了。

这个博士到底想表达什么呢？你能推测出来吗？

头脑发动机

这个案例中博士是利用三角函数符号在向卡瑟琳求救。这个数学博士很喜欢三角函数，所以他留言一定用的是三角函数，最常用的三个三角函数符号sin、cos、tan，和博士留下的符号两相比照，就会发现少掉的三个字母恰巧是"sos"（表示求救），也就是说数学博士是用隐晦的方式向卡瑟琳求救。

奇怪的字符

开启游戏

菲尔和汤姆是好朋友，他们经常互相拜访。一天，菲尔又一次带着女朋友可米去汤姆家玩耍。没想到在门口敲了半天门，都无人应答。

菲尔给汤姆打电话也无人接听，等了半晌，菲尔决定先回家，刚准备和女友可米说回家的事情，没想到眼尖的可米突然大叫起来：“亲爱的，你看那儿是不是有张纸？”菲尔望过去，在汤姆家的大门门缝处看到了一张纸。他弯腰捡了起来，这张纸上写着一些奇怪的字符：“HSJESHLCNPDD MSHESG”。可米感到很迷惑，她问菲尔：“这会是汤姆留下来的吗？”

菲尔没有讲话，一直紧紧盯着纸上奇怪的字符看，半晌后，菲尔突然脸色大变，他对可米说：“快，报警！汤姆出事儿了。”

可米虽然感到十分疑惑，但没有询问，而是先拨打了报警电话。等到挂断电话，她才开口询问菲尔，到底是如何确定汤姆出事的。

菲尔指着纸上奇怪的字符，给可米解释了一下，可米恍然大悟。

菲尔是如何通过这些奇怪的字符确定汤姆出事的呢？你能看出来吗？

头脑发动机

在这个案例中，一开始就交代了菲尔经常去拜访汤姆，但是这次汤姆竟然不在家，电话也不接，十分少见，最奇怪的是大门门缝下出现的字条。而这张纸上奇怪的字符是这样的：“H S J E S H L C N P D D M S H E S G”。

从第一个字母开始每隔两个字母取一个字母，就会看到如下的信息：

HELP ME（帮帮我）

由此可知，汤姆非常清楚菲尔会来拜访自己，所以在被绑架之后，想尽办法给老友留下线索。

父亲的遗书

开启游戏

著名的侦探松下非常平易近人，最近他的助理井上总是心不在焉，在松下的询问之下终于忍不住对松下开了口，原来井上的女朋友最近遇到了糟心事。女朋友的父亲上周去世了，结果在葬礼那天，女朋友的伯父突然跳出来，说自己手里有女朋友父亲亲笔写的遗书，他要求井上女朋友家按遗书和他分财产。他手中拿到的那份遗书的内容是："生前多亏哥哥照顾，故将我财产的一半馈赠给您，作为报答。恐儿子或女儿反对，故立此遗书。"

井上的女朋友提出异议，伯父说这是自己在探望她父亲的时候，一个人看着她父亲写下的这份遗书，当时并没有第三人在场，而且她父亲因为病重，所以只能仰面躺在床上用圆珠笔写下这封遗书。也因此，遗书上的笔迹如同蚯蚓一样七扭八歪，根本无法同她父亲生前的笔迹相比较，目前根本无法判断遗书的真伪。而且这份遗书出现得实在是蹊跷。

松下听完之后，什么也没说，只是默默地从自己的桌子上拿起一支圆珠笔来，问井上："是这种笔吗？"井上点了点头，松下就右手拿着圆珠笔，左手拿着纸仰面朝上写了一阵子。然后他突然坐起，对井上说："那份遗书是伪造的。你可以告诉你女朋友，让她不要担心了。"松下连遗书都没看到，怎么就能确定遗书是假的呢？你能推测出来吗？

头脑发动机

在这个案例中，首先要知道圆珠笔需要用力书写才能流出油墨，一个重病无力的人，仰面躺着写字，怎么可能写得出字迹？由此可知，遗书很有可能是假的，最大的可能是女朋友的伯父伪造了这份遗书，等到弟弟死后拿出这份遗书好夺取弟弟的财产。

毫无美感的诗句

开启游戏

小云工作一天正常下班后就回家休息了，没想到再次睁开眼睛的时候，发现自己身处一个陌生的大厅里，她不知道自己是怎么来到这里的，也不知道自己为什么会在这里。

小云随便找了一把椅子坐了下来，当她不断朝着四周张望的时候，发现墙上有一扇门，小云走了过去，打开了门。门内是个小房间，小房间内堆满了乱七八糟的纸箱子，好似很久没有人进来过了。在这个小房间的中间摆着一张桌子，桌子上只有一面镜子，看起来式样非常古老，在镜子的右边放着一张肖像画，人物的眼睛似乎被人挖空了，显得没有灵魂。再往旁边看去，发现墙上有一扇封死的窗户，从窗户看出去只能看到一堵水泥墙。

小云再次感到茫然，她无意识地走向桌子，在桌子上发现了一张小纸条。眉头皱了皱，小云还是选择将纸条拿起来，纸条上写着：

“下面的诗句是一个猜词游戏，请以诗句为谜面猜一件房间里的物品，猜对了便可离开这里。”

这诗句真的毫无美感：“境尘土淹没，金色到来。了解的第一，身躯插上长矛。”

小云抬头望了一下周围，房间里的物品只有箱子、镜子、肖像画、窗户和门。

小云思索了半晌，非常确定地猜出了这个物品。

你知道小云猜的是哪件物品吗？为什么？

头脑发动机

在这个案例中，小云猜的物品是镜子。那首毫无美感的诗的解析如下：

“境尘土淹没”，即“境”字去掉“土”字，得出“竟”字；

“金色到来”，即“竟”字加上“金”字，即可得出第一个字——“镜”；

“了解的第一”即“了解”的第一个字“了”；

最后的“身躯插上长矛”即“了”字加上“一”（长矛的形状类似“一”），即“子”字；

最后得出了答案“镜子”。

干涸的血字

开启游戏

在一个大雪纷飞的冬天深夜，一栋沐浴在月光下的别墅里发现了一副枯骨，这副枯骨是一位有名望的英语教授的，他在三年前突然失踪，三年后他的骨头才在这座豪华别墅的地下室被发现。

警方对别墅的周边进行走访和调查，同时也对枯骨进行检查和分析，最后发现嫌疑人有想要继承死者遗产的死者的弟弟、死者的妻子、和死者有仇的管家以及死者曾经的情人。值得一提的是，死者的妻子现在已嫁给了死者的弟弟，死者的财产是被妻子和弟弟一起继承的。

法医对被害人进行检查后发现，被害人大约30岁，死亡时呈现俯卧的姿势，全身出现几处骨折，因此可以断定为从高处坠下导致死亡。警察在死者身下的地面上发现了干涸的血字“Ring”。由此警方知道了犯罪嫌疑人。

你知道谁是犯罪嫌疑人吗？

头脑发动机

这个案例中，枯骨旁边干涸的血字是破案的关键点。Ring是英文，是戒指的意思。对于被害人来说，能和他的戒指联系起来的就只有他的妻子。所以可知，犯罪嫌疑人中必然有他的妻子。而被害人死亡时的姿势和身体出现的骨折都说明是被人从高处推下。但是死者妻子一个人是无法完成这件事情的，这就需要一个有力气的人和她合谋，而且死者的遗产是被妻子和他的弟弟一起继承的。由此推断出，很有可能是被害人发现了妻子与他弟弟有染，妻子便设计杀害了死者，而他弟弟也是帮凶，并一起处理了死者的尸体。

论文中的诗

开启游戏

杰克探长新开了一家侦探事务所。这一天，事务所迎来了一个神情憔悴的委托者，她介绍自己是个华人，之后就直接递给了杰克探长一张纸条，从神情来看她整个人都惶惶不安。

等到杰克探长看完纸条，她对杰克探长说："我丈夫被人绑架了，今天一大早我在他的邮箱中看到他发给自己的论文，但论文里还夹杂着一首诗，我已经把那首诗写到那张纸条上了。我对这首诗百思不得其解。但是我也不敢报警，因为之前绑匪给我打过电话，说如果我报警的话，那么我的丈夫就会从这个世界上消失。他们好像是一伙惯犯，之前已经绑架了好几个人，我已经无计可施，本来已经打算交赎金的，但是今天看到邮箱中刚刚收到的这篇论文，里面可能隐藏了他发给我的信息，所以我想了想就来找您了。”

杰克探长听完沉思了一会儿，拿起纸条看了看，对这位女子说道：“我们要找出其中隐藏起来的信息。我会尽快破解的，您先回家等吧。”

当事务所只剩下杰克探长一个人的时候，他开始自言自语起来：“这伙绑匪分别在2月5日、3月6日、4月8日和5月7日作案，这些时间和这首诗有什么关系呢？”杰克探长看着纸条上的诗，不断思考，终于眼前一亮，有了眉目。

纸条上的诗内容如下：

山我清火在蓝树云

银流铁煤菜塔唯犬

瑟水映犯理茹样人

楚心诉颜不霖在霜

你知道纸条里隐藏的暗语是什么吗？

头脑发动机

在这个案例中，论文中的诗是一个字谜，是为了防止被有心之人发现其中的信息，为自己带来杀身之祸，这名丈夫非常谨慎。根据绑匪的作案时间，对照那首诗，如果把2月5日看作第一行的第二个和第五个字，就能得出“我”和“在”这两个字。3月6日对应第二行的第三个和第六个字，就能得出“铁”和“塔”这两个字。4月8日对应第三行的第四个和第八个字，就能得出“犯”和“人”字。5月7日对应第四行的第五个和第七个字，就能得出“不”和“在”这两个字。综合起来就可以得到“我在铁塔，犯人不在”的信息。

杰克探长根据自己获得的信息，顺利地找到了这名丈夫被关押的地方，而且帮助警方一举抓获了犯罪分子。

风铃草调查

开启游戏

学校的花匠向警方报告：今天他在侍弄学校花草的时候，发现学校种植的风铃草草丛附近苍蝇围绕，以为花出了问题，所以就刨开了风铃草草丛，结果在土里发现了人体碎块。警察迅速出动，最终在风铃草下找到了全部的尸体碎块。经法医检验，发现死者是一名年轻的女性，最终确认死者是学生王澜。在警方做现场调查的时候，一个中年妇女自首，承认自己是杀害王澜的凶手，原因是王澜曾害死了自己的女儿。

警方通过调查后发现，这个中年妇女家中还有一个在这个学校上学的女儿李媛，李媛说自己是二女儿，姐姐被王澜给害死了。因为姐姐在遭遇校园暴力的时候，王澜袖手旁观，也是间接害死姐姐的凶手。

警方调查后还发现学校有一个名叫柯凡的学生正在追求王澜，柯凡虽然家境不好，还被学校里的人欺负，却一直追求王澜。而王澜的一个好朋友孙河就是校园的霸凌者，孙河家里很有钱。中年妇女所说的死去的大女儿和柯凡都遭遇过孙河的霸凌。这些年来，王澜见过很多次孙河欺负别的同学的情形，却选择了默默看着，没有任何作为，也没有告诉老师。

深入地调查后发现，自首的中年妇女和柯凡的关系很好，李媛不是中年妇女的亲生女儿，王澜死前的一天目睹了孙河霸凌柯凡，李媛也曾被孙河霸凌过。

你能看出是谁杀了王澜吗？为什么？

头脑发动机

首先需要明确的是，风铃草花语是祝福、温柔的爱、感恩和嫉妒。此案中，嫉妒和温柔的爱其实就是柯凡对李媛的情感。在心爱的女子面前遭遇校园霸凌，柯凡的内心痛苦不堪，而王澜选择袖手旁观，这让柯凡想到了中年妇女死去的女儿，也许自己有一天也会落得和那个女生一样的下场，而孙河这样的霸凌者还是会和王澜做朋友。这样的想法让柯凡崩溃，所以他杀死了王澜。

中年妇女之所以自首是为了掩盖柯凡杀人的事实，毕竟这和自己死去的女儿有关，而李媛则明显是因为痛恨王澜和孙河，所以才说出王澜是霸凌者帮凶的话来。

第六章

还原作案手法，解读扑朔迷离的悬疑案情

技巧简介：发挥想象力，再现作案画面

警方在侦破案件的过程当中，会碰到各式各样的困难，而最令人困扰的就是在犯罪现场发现一些莫名其妙但是可能和案件有着紧密联系的物件。在这种时刻，最需要警方做的就是根据这些现场得到的蛛丝马迹，发挥自己的想象力，重现犯罪嫌疑人作案时的场景，这种基于证据的合理想象有助于最终找到真正的犯罪嫌疑人。

美国联邦调查局的行为分析小组主要的工作就是针对案件进行分析和还原，根据案发现场的痕迹，分析出犯罪嫌疑人的心理活动，再现犯罪嫌疑人作案的过程，明确犯罪嫌疑人的心理状态，用案发现场找到的证据，一点一点描绘出犯罪嫌疑人的特征。

美国历史上发生的绿河凶杀案的告破就得益于对犯罪嫌疑人特征的描绘。据说，最终凶手承认杀害了四十九人，警方猜测他可能杀了六十人甚至是七十人。绿河杀手被抓依赖于警方对收集的信息和物证进行现场还原。

联邦调查局的特工们为了追捕绿河杀手，在发现第一批被害人的尸体之后，就进行仔细的分析和调查，得出犯罪嫌疑人习惯于将被害人埋在一起，以便于事后找到他们的结论。对此，警方

判断出犯罪嫌疑人偏好袭击的受害者类型，然后派出和被害者具有相同特征的卧底警察。很快，卧底警察就引起了犯罪嫌疑人的注意，在其准备对卧底警察下手的时候，警方顺利将其抓捕。

由此可见，针对案发现场搜集到的信息和物证，大胆发挥想象对作案现场进行还原，是破案环节中不可或缺的一部分。

在破案过程中，警方在对案发现场进行详细的调查和分析之后，为了更快地找到犯罪嫌疑人，需要做的就是大胆发挥自己的想象力，还原出犯罪嫌疑人的作案画面，根据这些推测出犯罪嫌疑人下一步会做什么，从而更快地确认犯罪嫌疑人，也能更快地侦破案件。其步骤如下：

1.快速分析案发现场搜集到各种信息和证据，进行设想

一个周末，西雅图的一名中年妇女从一所公寓中失踪了。警方到达现场后，发现她的房门开着，垃圾还在屋内，而床上还有一些血迹。检查结果显示床单是在血迹干了之后才铺上去的，也就是说，当时有个人在这个房间内停留了很久，有很大可能是犯罪嫌疑人。

不久之后，在西雅图东北部警方又发现了一具妇女的尸体。而警方在这两个被害人的床单上都发现了一些微小的金属碎屑。但前一个被害的中年妇女是个非常爱干净的人，这些碎屑很有可能来自凶手。

警方对这两起案件进行并案侦查，调查结果指向一个人——盖里，他在一家金属公司工作，而被害人在被害之前都曾和盖里接触过。了解完这些情况之后，警方汇集所有的信息，然后大胆进行设想：盖里在他的车上进行谋杀，然后销毁证据，把被害人送回家中，以此掩盖自己犯罪的事实。根据这些设想，警方在他的车上找到了证据，最终让其认罪。

2. 大胆还原作案画面

一名青年女性被杀害，尸体被发现的时候是全裸的，在检测尸体后，警方发现她的阴部有一根纤维。这根纤维很粗，呈橄榄绿色，是一根地毯纤维。根据这个证据，警方得出结论，被害人死亡之前一定接触过这种地毯。而调查发现，这种地毯只在某种型号的汽车上使用过。

警方由此展开大胆想象，通过搜集到的信息和证据，确定犯罪嫌疑人拥有一辆古董车，而且车的内部有着墨绿色的装饰，这辆车保养得还不错。通过这些推测，警方很快就抓获了犯罪嫌疑人。警方对犯罪嫌疑人进行了审问，案件顺利告破。

综上所述，只要犯罪嫌疑人做了某件事，那么警方在搜集信息和证据之后，就可以按照犯罪嫌疑人的思维模式，大胆想象，还原犯罪嫌疑人作案的过程，帮助自己破案。

侦探游戏：拓展思路，模拟案情

玄武岛迷案

开启游戏

玄武岛上有一座“鬼屋”，经营者将其装修得十分恐怖，即便很多人对其敬而远之，但依然有很多人怀着好奇之心前往，所以鬼屋的火爆程度超出想象。

星期六是客流量很多的一天，可谓人山人海。鬼屋分为三个部分，分别是“林中小屋”“冥婚”“鬼怪通灵”。鬼屋设置的游戏规则是六个人一起进入，游戏时间限制在一个小时之内。本来热热闹闹的鬼屋在发现一具尸体后秩序大乱，等警方到达现场后，场面才稳定下来。一番现场取证和调查后，警方根据手头的线索，试着找出案发现场。警方发现被害者是出现在“冥婚”这一游戏的礼堂内。当时同行的有他的两位好友，他们两个人的职业是医生和保险推销员。

警方认为犯罪嫌疑人应该是先使用迷药以确保被害人没有任何行动能力，而且犯罪嫌疑人特别冷血，其本身有着专业的知识，被害人在被杀害的时候还活着，直到被害人的心脏被取出后才死亡。但是现场并没有找到被害人的心脏，而且也没有发现任何的作案工具和可以搜索的指纹痕迹，唯一的线索就是用被害人的血写下的单词“Judas”，被害人的上衣口袋内还有一张只剩一半的照片，照片上只剩下死者一个人，另一半已然找寻不到。警方对被害人及其朋友展开了调查，发现被害人和女朋友有矛盾，正在闹分手。

据此，警方负责人对犯罪嫌疑人的作案过程进行大胆猜测，一番推敲之后，推测熟人作案的可能性非常大。那么，你知道凶手是谁吗？凶手为什么要杀害被害人呢？

头脑发动机

在这个案件中，警方通过还原犯罪嫌疑人的作案过程，试着推测犯罪嫌疑人作案的场景，得出是熟人作案的结论。而与被害人熟悉又有矛盾的人只有他的女友。但如果凶手只有他女友一人是无法做到准确取出死者心脏的，这需要一个具备医学背景的人，所以她的帮凶一定是医生。

通过还原作案画面，可知凶手一定使用过麻药，所以就排除掉了激情作案的可能，而且凶手还知道被害人的行踪，这只能是亲密之人才能知道的，再加上撕烂的照片，都说明凶手就是他的女友和医生二人。

窗玻璃上的线索

开启游戏

春日午后，校园里学生都在上课。突然从窗外射进了一道耀眼的光，紧接着从一个班传来一声撕心裂肺的惨叫，学生会副主席、校推理部部长松下二郎死了。

由于事发时是上课时间，所以在听到惨叫之前，大部分人都没有注意到松下二郎。负责指导校推理部的老师田村信急忙赶赴现场，在警方到来之前看到了松下的尸体，他的头部和身体都遭受到了重创，双眼大睁，死不瞑目。

很多老师和学生都围了过来，田村老师在案发现场搜索，在几米外的一个花坛中捡起了一个东西，放进了口袋中。

很快，警察就赶到了，负责人简单地做了自我介绍之后，就开始了调查和分析。警方取证结束之后，确定了犯罪嫌疑人的范围，就把这些人都请到了学校的会议室里。

嫌疑人除了田村老师，还有：推理部的副部长井上村，他有着非常聪明的大脑和非常糟糕的成绩；推理部部员小野仓，他和副部长井上关系不错，经常向井上抱怨自己被松下嘲笑；校足球队主将新之助，他和松下关系紧张，目前腿部骨折，还未痊愈；月关樱，她和井上是青梅竹马，实际却喜欢松下。

警方负责人对他们五个人进行问话，新之助最为不耐烦：“喂，警察先生！那个该死的家伙明显是自杀吧，别耽误时间了！”

紧接着是小野仓：“虽然觉得不可思议，但是应该是自杀没错吧……”

哭哭啼啼的月关樱认定松下不会自杀，井上在一旁安慰她。警方负责人打断了他们的话语，出示了一封在案发现场找到的遗书。田村老师这个时候才开口询问，想要看看遗书，并表示如果有遗书的话，那么自杀的可能性比较大。

警方负责人把遗书递给田村，让他自己看。田村老师告诉警察，笔迹是松下的。

遗书上写的是：“没有乐趣了呢……最近有种很不好的感觉，可能会死掉也说不定，推理部就拜托你们了！井上、小野，你们两个要继续我未竟之事！松下二郎”

警方负责人对此只是冷笑，而且认定了这封伪造的遗书是在试图转移警方的视线，所以他准备展开调查。他首先调查几个和松下熟悉的同学在那段时间内的活动情况以及他们与松下之间的联系。

新之助回答道：“当时我正在参加足球队的训练，虽然腿还没痊愈，但教练让我参与指导后辈。”

小野仓：“我当时在旧校舍的推理部整理旧档案。不过，我听到惨叫后走出推理部的时候，刚好遇到两个女同学，她们能为我证明。”

月关樱：“我们班在上体育课，老师让我们自由活动，我身体有些不舒服就去医务室了。我一直很崇拜前辈，怎么可能会杀他！”

警方负责人看了月关樱一眼，因为据同学们说，上个星期月关樱向松下表白被拒绝了。

井上突然开口：“我看到了！我看到了部长跌落的瞬间！”

田村老师感到十分惊讶，一直看着井上，试图让他讲出更多有关案件的话。但是井上说自己上课的时候，因为偷看操场上的女同学，所以并没有过多注意那道射过来的光。当我看向对面的旧校舍时，就看到有一个人影坠落……

“原来是这样，”田村老师说道，“那道光应该只是阳光在玻璃上的反光吧！我看现在暂时也不会讨论出结果，下午4点钟我和校长有重要的事情要商讨，那我就先……”说完他下意识地看向了手腕。

井上突然转身对警方负责人说道：“最近学校一直流传着有关于田村老师的传言……”话还没说完就被田村老师打断了，他厉声呵斥井上。

井上冷笑着向警方负责人说道：“我现在知道谁是凶手了。”

警方负责人也笑了，他也知道了凶手是谁。你知道吗？

头脑发动机

在这个案例中，警方通过对案发现场的勘查和对大家的询问，还原了犯罪嫌疑人的作案经过，根据在场人员的不在场证明，推断出杀害松下的凶手就是田村老师。

田村老师也是想明白了这一点，就想溜之大吉，但是他没有意识到自己下意识地看向手腕的动作暴露了他的罪行。因为他的手腕上被袖口挡住的地方露出创可贴，而明明上午给学生上课的时候，他的手腕戴着手表。

井上说先是被一道耀眼的光刺到眼睛，之后才听到惨叫，而那道耀眼的光刚开始被认为是来自玻璃的反光，其实不是，反光的物品是手表。

田村老师和松下之间存在矛盾，田村老师贪污了学校给社团的经费，被松下发现，松下选择敲诈田村老师，田村老师在和松下的见面中激动异常，顺手就把他推下楼。如果警方对尸体进行仔细调查，就会发现松下指甲中有田村老师的皮屑。

巧克力毒杀案

开启游戏

黄夫人和丈夫分居之后，选择一个人生活。三天前，黄夫人发起了高烧，高烧接连三天不退。在附近没有医生上门的情况下，黄夫人只好请求已经分居的丈夫上门来为自己看病。

丈夫来了之后，经过一番诊断，对她说：“不必担心，是患了流感。先打上一针，今晚睡觉前吃了这药就会马上退烧，过几天就好了。”丈夫给黄夫人打了一针，之后又给她留下一粒用胶囊装的感冒药就走了。

当天夜里，她临睡前吃了丈夫留给她的感冒药，然后就去睡觉了，没想到就这样去世了，第二天傍晚尸体才被发现。警察在案发现场进行调查后，对尸体进行了解剖，发现黄夫人的胃中残留有尚未消化的掺有氰化钾的巧克力。而这盒巧克力是她的弟弟在一周之前送给她的。因此，黄夫人的弟弟被以杀人嫌疑犯的名义逮捕了。警方调查了这盒威士忌酒心巧克力，发现里面只有一块巧克力掺有氰化钾。再加上姐弟两个人目前正在为继承亡父的遗产而闹得不可开交，因此警方确认黄夫人的弟弟有杀人动机。不过令人感到疑惑的是，黄夫人的弟弟一直喊冤，坚持自己是无辜的，并找到了一个侦探，求其帮忙调查。最终侦探找到了最为关键的证据，那就是黄夫人的身体内只有胃部检测出了氰化钾，咽喉处和食道竟然都没有检测出，这很令人感到不可思议。也因此可以判断出黄夫人不是因为吃下了掺有氰化钾的酒心巧克力而中毒死的。因此，黄夫人的弟弟被释放。

这名侦探还发现，黄夫人的丈夫是内科医生，目前迫切需要离婚，因为他的年轻情妇已经怀孕了。针对这名丈夫提供的不在场证明，侦探进行了详细调查，终于揭穿了丈夫巧妙毒杀黄夫人的手段，然后把相关信息提交给警方。黄夫人的丈夫被抓捕了。

实际上，黄夫人的丈夫给黄夫人的胶囊里掺有氰化钾。但是为什么警方解剖尸体的时候是在巧克力里发现的氰化钾呢？嫌疑人到底是用了什么手段，将被害人吃下去的掺毒的胶囊替换成威士忌酒心巧克力呢？

头脑发动机

在这个案件中，首先需要分析的一点就是黄夫人到底是如何不知不觉地把氰化钾给吃下去的。胃里的氰化钾到底是从酒心巧克力而来，还是从胶囊而来？因为氰化钾本身带有苦杏仁味，如果是被加入酒心巧克力中，会因为有异味而被死者怀疑，所以有很大概率死者是不会将其吃下肚的，而如果将毒药加入感冒药物中，本身药物就有很苦的味道，会掩盖住氰化钾的味道，由此可知，氰化钾被掺进感冒药当中更容易让黄夫人吃下。

而为什么出现在黄夫人胃里的是掺杂了氰化钾的酒心巧克力呢？这就是做医生的丈夫的狡猾之处，从对作案过程的还原来看，案发经过很有可能是这样的：

黄夫人的丈夫等到黄夫人吃了有毒的感冒药后，悄悄溜回黄夫人的家中，等到确定黄夫人已经死亡，就把医用洗胃导管插入黄夫人的胃里，将溶化的胶囊和氰化钾清理掉。之后又以同样的方法将威士忌酒心巧克力用温水调化掺杂氰化钾后注入死者的胃里。这样一来，警方在解剖尸体后，就会直接发现胃里残存的未经消化的威士忌酒心巧克力，就会认为黄夫人是吃了掺有氰化钾的酒心巧克力致死的。但是他却忘记了如果黄夫人吃的是整块巧克力的话，那么巧克力溶化不可能那么快，咽喉和消化道处也应该留有巧克力的残渣，但是尸检结果并没有发现残渣。

所以侦探就将这一线索提供给了警方，经过警方审问后，医生丈夫交代了作案经过，此案被顺利侦破。

卑鄙的谋杀

开启游戏

冬日的一天，有人在一个陡峭的悬崖下发现了一具男性尸体。他急忙报了警，警方迅速赶到了现场。

发现尸体的这个人告知警方，自己是一个驴友，今天刚好路过这里。刚开始看到尸体的时候，还以为是一个人躺在那里休息，就想着去搭个话。没想到走近一看，吓了一大跳，竟然是一具尸体，然后他就报警了，报警之后他远远地看着，一直没敢再靠近。警方的侦查人员对案发现场进行调查，在崖上发现了一只男人的皮鞋。法医简单地对被害人的尸体进行了检查，发现这名被害人虽然身穿大衣平躺在地上，但满身遍布伤痕，而且只有一只脚上有鞋，另一只脚有些怪异地压在小腿下面。不过令人感到奇怪的是，被害人鼻子上架着的太阳镜却是完好无损的。

简单地检查过后，法医虽然仍有些疑惑，但是没有找到他杀的证据，看起来死者就和一般摔死的人差不多。正当警方认定这是一起自杀事件准备收队回去的时候，现场的法医突然灵光一闪，明白了自己感到疑惑的地方，他大喊起来："慢着！这并非自杀案，而是谋杀案，尸体是被人搬到此处，伪装成自杀的。"

现场的法医为什么说是谋杀？你知道原因吗？

头脑发动机

在这个案例中，法医在检测被害人尸体的时候一直感到疑惑，疑惑的地方是被害人尸体上的太阳镜。试想一下，如果一个人是从悬崖上摔下来的话，那么身上的东西应该都会破损，最应该被甩飞或是摔碎的太阳镜不应该还完好无损。

还原犯罪嫌疑人的作案过程就会发现，这应该是犯罪嫌疑人的伪装行为。但是他聪明反被聪明误，正是这古怪之处让法医认定这是谋杀案而并非自杀案。

巧送贼赃

开启游戏

你知道做贼心虚这个成语吗？据说它源自北宋时期一个名叫陈述古的人。这个人在当地小有名气，他当年任知县时断过一起盗窃案。

当地有户富人家里有一天发生了失窃案件，当时富人抓到了好几个嫌疑人，但是不确定真正的窃贼是谁。而且富人不愿意冤枉其他人，就把他们都绑缚起来送到了衙门。

时任县令的陈述古依照惯例对他们进行了审问，可是几个人相互推诿，都说自己不是窃贼，而且都有不在场证明。面对这种情形，陈述古仔细询问了富户失窃的情况，富户告知陈述古自己丢失了一部分银两。而且富户还告知陈述古这几个人都是这一次家里雇来干活的短工。陈述古大胆还原了窃贼作案的过程。从作案过程和作案手法，以及失窃的财物来看，陈述古确定窃贼不是本地人。脑子一转，他想到了一个办法。

他对这些人说：“你们也不用争吵了，我听说城东古庙里有一口大钟，一般人摸了钟不会响，但是盗贼要是摸了就会发出声响。明天一早，你们这几个人就去摸钟，到时候谁是盗贼不就很清楚了吗？”

一直在旁听审的富人觉得不可理解，因为他是本地人，从来没有听说过城东古庙里的钟还有这样的特殊功能，但因为是县令的决定，他也只能表示无奈。

第二天一大早，陈述古就带着这几个窃贼和富人来到钟前。陈述古焚香祭拜，口中念念有词，之后让人用一块大的帷帐将古钟围起来，并让几个嫌疑人一一进帐摸钟。结果所有人都出来了，这个钟也没有响。

陈述古还没说什么，失窃的富人先着急起来，他说道：“不可能的，陈老爷。我明明堵住了窃贼，他就是这几个人中的一个。”

陈述古先安抚他，然后对这几个被怀疑是窃贼的人说道：“你们这几个人，把手伸出来让本老爷瞧瞧。”虽然大家面面相觑，但是那几个人依旧听言伸出手来，陈述古发现其他所有人的手上都是黑的，只有一个人手上没有黑，他便指着那人，说道：“他就是窃贼。”随即叫人将这个人抓了起来。

你知道陈述古是如何判断出窃贼是谁的吗？

头脑发动机

在这个案件中，陈述古之所以能想到通过摸钟来确认窃贼的主意，是因为富人告诉他这几个人是他家雇来干活的，家里失窃的也只是一些银两，大件的金银器物都没有丢失。

由此，陈述古认为窃贼只是偷窃银两，可知他胆子很小，所以很容易就会做贼心虚，虽然面对审问时可能不会承认，但在面对“灵验”的古钟时会不敢伸手。

所谓的钟响是陈述古用来迷惑窃贼的，他事先派人把墨涂在钟上，只要是摸过钟的人手上都会变黑，但是窃贼因为心虚，害怕钟会响，所以没敢真的去摸钟。

收藏家之死

开启游戏

一天的傍晚时分，警方突然接到一起报警电话，电话中说本市的一名收藏家被发现死在自己的家中。警方迅速出动，赶到了收藏家的家中。报警的是收藏家的管家和实习生天风。

收藏家名叫西仓，45岁，管家告诉警方，西仓先生最近心事重重，情绪有时候很低落，有的时候却异常暴躁，好像是因为和妻子出现了矛盾、闹离婚。

西仓的尸体被发现在收藏室，而在西仓家中，收藏室位于二楼上方的阁楼之中，屋内没有窗户，但却有着非常良好的通风设施，很适合保存画作。而且收藏室的门也可以从里面反锁，如果门反锁，外面的人就很难进入，除非是强行破门而入。

警方仔细搜寻了现场的所有地方，发现收藏室的门锁已经被破坏掉了，据管家所言，门锁是他和天风一起破坏的。当时因为事情紧急，所以就破门而入了。在收藏室内看到保险柜被打开，保险柜的钥匙还插在上面。警方经过检查后发现，保险柜钥匙上清晰地留有西仓先生左手拇指与食指的指纹。据此警方初步推断，西仓先生生前曾打开过保险柜。

目前保险柜里面是空的。但是据管家所说，保险柜中之前存放着些许现金、文件和名画。管家说当时他曾经帮助西仓先生一起把这些画作放入保险柜，因此他十分确定。

在保险柜的旁边竖立着一个大铁盆，这个盆中盛满了烧过的纸灰。警方经过仔细检查，发现这是焚烧一些大面额的现金、一些普通的纸盒和画纸所留下的。西仓先生的尸体趴在写字桌上，初步推测是死于氰化钾中毒。估计西仓先生的死亡时间是当天下午3点到4点之间。

在这个时间段中，据管家回忆，拜访西仓先生的是一个画家，名叫张元，他是一个没有建树的画家。

警方根据目前从现场了解的情况判断，西仓先生很有可能是自杀，不过调查还是要进行的。

警方首先询问西仓先生家的管家，也就是报案人之一。管家是一名三十七岁的男子，警察问话的时候，他还一直絮絮叨叨地不断嘀咕：“我在这里工作虽然并不久，但西仓先生对我一直很好，他之前也时常向我倾诉他心中的万般无奈和忧虑，曾几次暗示过想自杀，但……但我却以为他只是一时冲动，没想到……没想到……他一定是将自己心爱的画烧了，以伴自己长眠。他可是一个非常爱画的人啊。”

警方让他回想一下西仓先生今天下午发生的所有事情。

管家回忆，应该是在下午3点的时候，画家张元先生忽然来访，西仓先生是在收藏室见的他。至于为什么会选择在收藏室见面，管家回答说，这是因为西仓先生特别爱画，也特别喜欢向人炫耀自己所收藏的画。

管家是在张元先生进门后不久出去的，大约下午5点管家才回到西仓先生家。这之后天风就来了。

警方询问张元的时候，他的神情稍显慌张，他说：“对，我是在下午3:05左右到的。我与西仓先生之前从未见过面，你们不会因此就怀疑我是凶手吧？我离开的时间是下午3:30左右。”

警方又问他为什么会来找西仓先生。

张元的脸憋得通红，他回答说：“这……因为我希望他能在我即将办的画展上购买我的一幅画。当然，是用我给他的钱买，他的报酬另外算……因为我这个无名画家的画如果被名收藏家相中，我的画会好卖很多，名气也会大增。结果，西仓先生没有答应，不是别的什么原因，是因为他嫌我付的报酬太少，还讽刺了我一番！”

西仓夫人面对警察的时候，表现得十分不耐烦，她说：“我是在下午3:50到家的。为什么来？这是我家，有什么疑问吗？我回来是收拾东西的，顺便想和西仓商量一下那张该死的婚前财产证明书什么时候给我。我回来之前已经给管家打过电话了，让他告诉西仓，我下午4点之后要和他谈谈。不过我回到家的时候感觉自己心情不是很好，就不想去见西仓了，所以我简单地收拾了些东西就走了，我走的时候大概是下午4:20。对了，我当时因为没有见到西仓，也没见到管家，还觉得有些奇怪，但也确实没人能为我做证。不是你们说的收藏室的门是反锁着的吗，难道西仓不是自杀的吗？”

天风面对警察的询问，这样回答道：“我是在下午5:15左右到达西仓先生家的，是之前就和西仓先生约好的。管家开门看见是我之后，就直接带我去了收藏室。可是，收藏室的门却是反锁着的，我们两个敲了很久的门，西仓先生都没有回应。管家觉得有点不对劲，于是我们就破门而入，结果见到的却是西仓先生的尸体，然后我们就报警了。我来见西仓先生是因为想看看他新近收藏的一幅塞尚的名画，西仓先生是十分好客的。”说完这些，天风自己先陷入沉思中。

警方认为现在的事情已经调查得差不多了，便开始准备收队回警局。就在这个时候，天风忽然笑了，他好像明白了什么，嘀咕了一句：“原来是这样……”

你认为西仓先生是自杀还是他杀呢？你能推测出天风说了什么吗？

头脑发动机

在这个案件中，西仓先生是被人杀害的。天风对警方嘀咕的是这句话：“你们来看留在钥匙上的指纹，那是西仓先生的拇指与食指留下的。但是大家在扭动钥匙的时候，通常都是选择用拇指与食指指关节，也就是说钥匙上只会清晰地留下拇指的指纹，而不会有食指的。由此可以判断出西仓先生是被人杀害的，然后才被伪装成自杀。而且钥匙上的指纹是左手的指纹，也就是说西仓先生很有可能是个左撇子吧。”

西仓夫人点点头。知道西仓先生是左撇子的人只有西仓夫人和管家二人，所以张元的杀人嫌疑就被排除了。警方也说了西仓先生的死亡时间是在下午的3点到4点之间，天风是5：15左右才到，所以天风的嫌疑也被排除了。剩下的有嫌疑的也就是管家和西仓夫人了。

而关键的证据是收藏室里那盆燃烧过的灰烬。大家都知道当时管家说被烧的东西中很有可能包括许多名画。如果凶手是西仓夫人的话，她根本就没有必要多此一举，因为只要西仓先生死了，那么西仓先生拥有的所有东西都会被她继承，所以就排除了西仓夫人的作案嫌疑。而剩下的一个人就是杀害西仓先生的凶手，即管家。

但是因为没有证据，所以管家不承认自己的罪行，还睁大了眼睛对警察大喊道：“怎么能说我是凶手呢？有什么证据？我可是和天风一起撞开的门。”天风对此给出了答案：“这个收藏室看起来确实像是一个密室，但其实房间还有通风口。你原本是想在西仓夫人来之前杀死西仓先生的，但张元先生的突然来访打乱了你的计划，所以你只有在通风口中待到张元先生走后才能下手。而且你完全不用考虑在张元先生走后，西仓夫人会忽然进来，因为你只要将门反锁，就没人能进来。而你所说的名画就藏在通风口中。”

管家忽然脸色煞白，说不出话来。天风继续说道：“你知道我下午5:15左右就会来，所以你没有时间将画带出房屋，而将画放在屋内则会被警察发现，但如果将画放在通风口中，被发现的可能性就会降到最低。”

管家只能俯首认罪，但他不理解为什么自己看起来万无一失的谋杀会这么快被识破。天风只对他说了一句话：“很简单，其中的一个通风口和其他的比起来，干净得不太自然。”

警方依据天风的推理，顺利地找到了证据，抓住了管家，顺利破案。

失窃的邮票

开启游戏

一次国际邮票展览会上，一名现场的工作人员发现一个参观者用了一种非常高超的手法偷走了展览会上的一枚珍贵的邮票。不过工作人员没有立即去报警，而是选择跟踪这个参观者，记下了他居住的旅店地址及其房间号，之后才去警察局报告。

因为邮票非常珍贵，所以警察局紧急召回了正在休假的瑞德警长。因为处于盛夏时节，警察们赶到展览会场后，都累得汗流浃背。不过他们没有休息，而是立即展开调查。

通过调查和对现场发现邮票被盗的工作人员进行询问后，警方又急忙赶到了工作人员口中的那个旅店。因为工作人员报警的时候就强调了犯罪嫌疑人是住在这家旅店的，所以警方在一开始就封锁了这家旅店周围的道路。

瑞德警长带人赶到后，直接进入窃贼居住的房间抓住了他。根据之前了解到的线索，这是一个非常小心和谨慎的人。因此，瑞德警长带着下属非常细致地检查了这间房间。进入房间首先看到的是一张床，旁边有一张圆桌子，靠墙有一个小柜子，头上呼呼旋转着的是一架电风扇。其他的陈设就是一些床上用品和洗漱用品。

警员检查过后没有发现邮票的踪迹。而让人感到非常奇怪的是，被抓起来的窃贼非常平静，甚至在警员搜查结束后，他对瑞德警长说道："我说没偷就是没偷，你们现在可以放了我吧。"

瑞德警长没有说话，看了他一眼之后，让警员再次进行搜索，结果却依然是一无所获。

难道邮票已经被转移了？瑞德警长皱眉思索，这不太可能，这家旅店的负责人已经告知过警长，在警方来之前，这名窃贼并没有出去过，也没有任何人进入过这个房间。警长又抬头看了一眼窃贼，发现他有意无意地会抬起头，但除此之外没有任何动作。

因为旅店的负责人没有理由对警察说谎，所以表明邮票还在这间屋子里。瑞德警长环顾四周，最后把目光定格在了呼呼旋转的电风扇上。他走了过去，这个时候，一直很平静的窃贼突然慌张了，他挡在瑞德警长前面，说道：“你准备干吗？”

瑞德警长冷笑一声，推开了他，然后关掉了电风扇，转身大喝道：“这下子，你还有什么好说的？”窃贼默默低下了头，承认了自己偷窃邮票的罪行。

瑞德警长是怎么知道邮票在哪儿的？

头脑发动机

在这个案例中，只需要还原一下窃贼的行动轨迹和房间的布置，就会发现被警方忽略的地方只有一直旋转着的电风扇。

所以，瑞德警长大胆还原窃贼的作案过程，确定邮票是在电风扇上后，就准备去关闭电风扇。窃贼这个时候已经开始慌乱了，这更加证明瑞德警长的推理没有错，所以他关停了电风扇，当然也就看到了被贴在电风扇上的邮票。

第七章

剖析犯罪动机，看透行为背后的心理秘密

技巧简介：深度挖掘罪犯作案的心理原因

在侦破案件的过程中，警方经常会遇到各种各样的犯罪分子，很多时候犯罪分子之所以会犯罪，是因为心理出现了扭曲。

想要揭穿这些犯罪嫌疑人的真面目，就需要深度挖掘犯罪嫌疑人犯案的心理原因，便于快速破案。

主要有以下几种：

1.从众型

这种类型的犯罪心理特别容易出现在青少年当中。青少年时期是一个人开始从家庭走向社会、从幼稚走向成熟、从依赖走向独立的一个阶段。这个时期一个人开始有真正的“自我”认知，一旦陷入犯罪的深渊，很有可能给社会造成一定危害。

2.激情型

激情犯罪带有偶然性，其犯罪目的通常很简单，往往之前嫌疑人没有任何反常表现和犯罪前科，其偶然性很大。

激情犯罪的触发往往和犯罪嫌疑人的内心感受和受到的刺激有关，如一个人长期遭受校园暴力，受害人往往会在心理无法承受的时刻爆发。电影《少年的你》中的女主角陈念，在电影一开头就目睹了朋友遭遇校园霸凌之后跳楼自杀，给陈念造成了很大的心理冲击。当发现自己也遭遇校园霸凌的时候，她没有想过反抗，而是选择容忍。

没想到再一次被同学魏莱欺负之后，她突然伸手推了魏莱一把，造成魏莱摔下楼梯死亡。这就是激情犯罪。

通常，激情犯罪的犯罪嫌疑人事先都无法预知自己将会做出的事情及其造成的后果。陈念就是如此，面对魏莱的死亡，她彻底慌乱了，无法接受杀人导致的后果。

3. 野蛮暴力型

这种类型的犯罪心理也比较容易出现在青少年当中，突出表现为校园霸凌。青少年因为身体的发育，特别容易表现出冲动、不顾一切的性格特点。如果有好的引导者（如老师）将这种心理引入正轨，那么这种心理可能会成为他们上进的动力。但很多时候青少年身边无人引导，和身边的不良人员混在一起。价值观的歪曲，使得他们相信自己依靠拳头就能呼风唤雨、为所欲为。青少年通过学习模仿电影中的黑帮大哥等，去肆意欺凌弱小的同学，从而获得满足和快感。

这种类型的犯罪心理也会出现在成年人身上，如施加家庭暴力的人，他们往往比较喜欢用暴力来解决问题。

4. 循环反复型

这种类型的犯罪嫌疑人，思想特别容易被影响，性格极其不稳定。他们一面对警察就会痛哭流涕，表示自己一定会改邪归正，在看守所或是监狱也会表现得特别好。但是一回到社会，过不了多长时间就又会开始犯罪，而且犯罪手段会越来越残忍，犯罪行为会越来越严重。因为多次被捕和被关押，他们的情绪从开始的恐惧变得淡定，甚至会变本加厉，最终会犯下不可饶恕的罪行。

5.报复社会型

这种类型的犯罪嫌疑人，最大的特点就是认为这个世界亏欠自己，所有人都亏欠自己，并认为对待亏欠自己的人不需要心慈手软，只有破坏、施暴，才能缓解心中的戾气。

犯罪嫌疑人会随着年龄的增长而越来越倾向于实施犯罪，特别是当他们在青少年时期就有一些不良行为之后，如果没有人对他们的行为进行管理和纠正，他们就可能会对社会进行疯狂报复。

6.模仿型

这种类型的犯罪嫌疑人，其犯罪的目的很简单，往往是因为崇拜他人或者是强烈的好奇心，促使他们模仿一些臭名昭著的犯罪分子的手段，所以给社会造成很恶劣的影响。

由上可知，不同类型的犯罪嫌疑人，有着不同的心理活动，所以警方应当在破案当中深度挖掘犯罪嫌疑人作案的心理原因，有针对性地剖析犯罪嫌疑人的犯罪动机，才能快速找准破案的方向，尽早破案。

侦探游戏：分析需求，把握诱因

凶手到底是谁

开启游戏

H高中是市里的重点高中，这一天，一件事情的发生让这所高中陷入慌乱中。

当时正是午休时间，大家都在宿舍休息，只有少数同学刚起床。教学楼突然传出一声惊叫，声音很大，大家纷纷从床上爬起来赶往教学楼。大家进入教学楼之后才发现，惊叫声是从其中一个教室里传出来的。大家来到这间教室门口，被教室内的景象吓到了。一名男学生躺在血泊中，教室内一片混乱。

就在这个时候，老师们也来到了教室，因为学生宿舍就在教学楼后面，而老师的宿舍距离有点远，所以老师比学生来得晚了一些。

在等待救护车和警察来的这段时间，突然一个女生尖锐的嗓音带着哭声响起："怎么会这样？他怎么会死？我们约好要让他教我空竹的！他还没来得及教我，怎么会……"该女生无法再讲出言语。

老师们在这个时候开始往外疏散学生，让学生们都各回各班，等待接下来的通知。

救护车到了，医生检查之后告知老师们，死者已经死去一段时间了。警察则开始对现场进行仔细检查，发现死者死亡的时间应该是中午12点之后。死者身穿蓝色运动服，脖子围着灰色的围巾。死者后脑勺曾受剧烈撞击，但出血量不大。死者唇部发紫，眼部有针点状出血。

对学生进行询问后，警方找到和死者有矛盾的三名嫌疑人。

班长章天天，她是死者女朋友，昨天两人刚刚吵过架，据听到他们吵架的学生反映，当时班长章天天就说过死者“会不得好死”之类的话。

学习委员钱乐上周曾经和死者发生过争执，当时死者把她的充电器损毁了，而且不屑一顾地当着全班同学的面说“不就是一个充电器吗，只有穷酸的人才会计较”。

学生郑强三天前刚和死者打过一架，据看到打架过程的同学反映，当时他们还动了刀子。郑强被警方列入重点怀疑对象。

死者的尸体是在后三排的位置。整个教室中就数那里的桌椅散乱，而且血迹特别明显。通过观察现场散乱的桌椅，可以看出死者被害时进行过反抗。但是仔细观察死者的死状，却并无任何挣扎的痕迹，这令警方感到十分疑惑。

三名嫌疑人被警方审问，他们各自给出了不在场证明。

郑强：“我中午没在学校内，去外面的网吧上网去了，当时网吧人还挺多的，不过我认识的没有几个，老板对我有印象，你们可以去问老板。”

班长章天天：“我中午回家了，没在学校，不过我家里没有人，不知道邻居有没有看到我。不过，警察叔叔，您看这么大的动静，我一个女孩应该做不到吧。”

学习委员钱乐：“我当时正在宿舍睡觉，听到声音才醒过来，我的室友能给我证明。”

三人的话让警方更怀疑郑强了，正当警方准备再次对其进行审问的时候，法医告知在死者脑后被撞伤出血的地方发现了一道刮痕，上面还有些灰色的物质，看着有些像是蜘蛛网和灰尘，而且死者体内发现了安眠药的成分。

在现场进行检查的警员也来报告，教室前方第一排的物品摆放有些不对劲，虽然死者可能是在和犯罪嫌疑人扭打之后被杀，但是死者死在教室后方，为什么教室第一排椅子被移动了，旁边桌子上还有少许尘土。从这张桌子处抬头看，发现周围墙上的白色墙灰比周边的要新一些，墙壁上还有弧形的刮痕。

警方再次询问全班同学，确定死者平常在这个时间点不会出现在教室内，不知道为什么今天会在。

由此，警方负责人开始分析，如果说在这三个嫌疑人中，刚开始被重点怀疑的是郑强，那么现在被重点怀疑的就是班长章天天了。

你知道警方负责人是如何识别出犯罪嫌疑人的吗？

头脑发动机

警方负责人也明白教室的后面并不是第一案发现场。案发现场是在教室的第一排。死者周边散乱的桌椅是凶手故意布置的，目的就是掩盖真正的案发现场是在第一排。

当然，确定凶手就是班长章天天最重要的证据是杀死死者的凶器，墙上出现的弧形痕迹和桌子上方比别的地方稍新的墙灰。这些都表明，犯罪嫌疑人是利用空竹和铁钉，加上一段绳子组成了一个滑轮组，这样就能给犯罪嫌疑人省下很多力气，让其用很小的力气就能杀死死者。

当时班长章天天应该是故意和死者吵架，弄乱教室，然后再走到真正的案发现场，让死者喝下被下了安眠药的水。等死者熟睡之后，她用空竹上的特殊的绳子勒住死者脖子，把绳子的另一端挂在墙壁上悬挂名人名言的钉子上，自己站在桌子上再跳下，绳子忽然收紧，就把死者勒死了。松了绳索，死者尸体自然落下，下落过程中，死者的后脑撞在墙上，所以伤口处才会有蜘蛛网和灰尘的痕迹。

为什么最终确定犯罪嫌疑人就是章天天呢？这还需要回到一开始的时候，她自己说漏了嘴，说自己约了死者在教室教她空竹。

经检查，班长章天天的手上有伤，那是拉绳子造成的伤口。

自己的诡计被警方负责人识破后，班长章天天哭倒在地，她痛苦地说：“没错，是我杀了他，因为班主任发现了我跟他的恋情，警告我说再不把心思放在学习上就告诉家长。我不想让家里人伤心，所以就想要分手，但是他不同意，还说如果我一定要分手，他就去我家里闹，让我无颜面对家人。我受不了了，就用他第一次送我的空竹结束了这一切。”

歪嘴的男人

开启游戏

清朝时期，在南方有一家富户。一天，富户的一家之主王员外去世了。作为其子，王福源伤心之余，还是尽心尽力给自己的父亲办完了丧事。但是令人没想到的是，在葬礼刚结束后，竟然有人上门说自己才是王福源的生父。

王福源觉得非常不可思议，根本不相信这个人所说的话，但是这个自称他生父的人振振有词地解释说，自己当年是因为穷，所以在王福源刚满周岁的时候，就将其送给王员外抚养，因为这个王员外没有孩子，所以觉得王员外一定会对王福源好。而且当时这个人还找了一个担保人为自己做证，那是个歪嘴的男人。虽然有着证人和很完美的说辞，但是王福源依然不能接受这种说法，所以二人进了衙门打起了官司。

审理这起案件的县令仔细研究了案情后，发现本案的重点就是所谓生父提出的证人——歪嘴男人，所以自己升堂之后需要重点审问歪嘴男人。

于是，县令升堂审案，听完双方的辩解后，他让自称王福源生父的男人出示证据，这个男人立刻从怀中拿出一张纸来，呈给县令，上面写着某年某月某日，歪嘴男人与余（我）一起抱儿王福源并交给老翁王员外。

县令问王福源："你今年多大岁数？"

王福源干脆地回答："36岁。"

县令接着问："你父去世时多大岁数？"

王福源依然很快就回答："76岁。"

县令问那个歪嘴的男人："你今年多大年纪？几岁开始给人做这种担保？"

歪嘴男人回答道："我虚岁58岁，30岁给人做担保，至今已有28年。"

县令在他说完后，很快就判断出这个自称王福源生父的人和歪嘴男人在行骗。县令发现了什么破绽呢？到底是如何发现的呢？

头脑发动机

在这个案例中，县令重点针对证人歪嘴男人进行审问，因为按照年龄去推算，王福源出生的时候，其父亲才40岁，但是所谓证据的这张纸上竟称其为老翁，36年前歪嘴男人才22岁，而且他是从8年后才开始做担保的，王福源周岁的时候他还没开始做这份营生。从这里可以看出，歪嘴男人说的是谎话，那么也就是说，他应该是和所谓的王福源生父合伙想要争夺王员外的财产。

塔楼奇案

开启游戏

B市的科学院发生了一件骇人听闻的事情，这天清晨，科学院内的研究生秦学竟然被人发现死在了学校的观星塔的平台上，身上也没有明显的伤痕。传言他是自杀。

在沸沸扬扬的议论和流言中，警方来到了学校进行调查，法医对秦学的身体进行检查后发现，秦学的右眼被一根长约3厘米的细毒针刺过。而就在他的尸体旁边的地上，有一根沾满血迹的针。法医初步判断，秦学是自己把刺进眼中的毒针拔出来后才死亡的。

此事虽然警方尚未对外公布，但是依然在整个科学院引起了很大的骚动。

因为观星塔的大门平常都是锁着的，没有钥匙根本无法打开大门，而且大门的锁上没有任何被撬过的痕迹。这也就是说，秦学很大可能是自己锁好了大门才去往观星台的平台上的。因此，警方大胆做出推测，凶手一定不是从塔楼的大门进去的。但凶手到底是从哪儿进入观星台的平台的呢？

警方将自己想象成犯罪嫌疑人，猜测其为什么会选择秦学下手，又为什么要将案发现场布置成这样。秦学的尸体所处的平台是在观星台四楼的南侧，这儿距离地面差不多有26米高，观星塔的旁边有一条小河，自塔楼到对岸也有40多米的距离，秦学死亡的昨夜，本市刮起了很大的风，这就表明即使犯罪分子选择从对岸把细毒针发射过来，那么他也不可能那么准确地射到秦学的右眼中。

警方百思不得其解，案件侦查陷入僵局。

科学院院长这个时候却对院内进行通报，把秦学的这起死亡案件定性为自杀事件进行处理，他想直接在科学院院内为秦学简单地办个葬礼。但是这一说法，得不到院内的认可，因为谁都不相信像秦学这样品学兼优、信仰坚定、好学不倦、对大自然充满热爱的研究生，会选择自杀，而且还是用这么离奇的方式自杀。

科学院内一时议论纷纷，而和秦学关系非常近的李教授，更是无法接受院方的定论，他忍无可忍之下，自己对秦学的死亡进行调查，想依靠自己的力量找出凶手，为秦学报仇。

他决定改变思路，从犯罪嫌疑人为什么会选择杀害秦学入手。对此，他决定先对秦学生前的生活进行调查。一段时间的调查之后，李教授发现，秦学为了能够更好地研究太空，每晚都会自己一个人偷偷地到观星塔上认真观察天上的星星及月亮的活动，即便是刮风下雨，也从不间断。这一发现让李教授更加坚定了自己调查的信心，他认定秦学一定不会自杀。

一段时间的调查后，李教授终于发现了有用的信息。通过对跟秦学关系比较好的几个学生的走访，李教授知道了秦学竟然是一个富商的儿子，不过因为秦学的父亲离婚另娶，而且有了第二个儿子，所以很多人并不清楚秦学有一个同父异母的弟弟。

今年夏天的时候，秦学的父亲去世了。因为他去世之前已经立好了遗嘱，所以秦学打算将父亲留给自己的那份遗产全部捐给科学院。听到这个消息的秦学的弟弟感到非常不理解，而且觉得秦学的这种做法非常愚蠢，他还威胁过秦学，如果不马上停止这种行为，他会选择向法院提起诉讼，追回这部分的遗产。

秦学父亲留给秦学的遗产中包含公司的部分股份，虽然秦学的弟弟也有着该公司的股份，但是秦学选择将父亲留给自己的这部分捐给科学院，如果股份捐赠成功，那么公司的股份势必外流，这也就会给公司的管理造成影响。秦学的弟弟一直想要完全掌控公司，本以为自己只需要针对秦学一人即可，没想到秦学竟然想着把股份捐给科学院，这彻底惹恼了秦学的弟弟。

据院中的清洁工所说，在案发前的一天，秦学的弟弟给秦学寄来了一个小包裹，至于包裹里装的是什么就没人知道了。清洁工在第二天打扫房间的时候就没有看到那个小包裹了。

而年迈的李教授，在综合了自己调查的所有信息之后，陷入沉思，思考过后就联系了警方，将自己调查的结果都交给了警方，然后告知警方：他已猜出凶手的手法和身份，不过因为目前他没有证据，所以他希望警方最好不要对外公布，可以选择秘密地对河流进行打捞，找到证据之后再询问嫌疑人，才能更快地让其认罪。

你知道谁是杀害秦学的凶手吗？李教授的推理又是如何进行的呢？

头脑发动机

在这个案例中，李教授开始调查之后，就确认秦学的弟弟是犯罪嫌疑人。

李教授让警方在河里进行打捞，就是想到了作案过程中凶手使用的工具。等到警方在河底找到一副望远镜后，他就确认自己的推测没有问题。这是一副长度仅四十厘米的望远镜。李教授推断出秦学的弟弟送来的那个小包裹，一定就是这副望远镜！但这副望远镜怎会和杀人案扯上关系呢?

李教授把整个望远镜仔细地看了看，然后告诉警方，这副望远镜和自己推测的一样，是一副可以随时拆开的望远镜，秦学的弟弟把细毒针装在这副望远镜的镜筒内，当秦学把望远镜放在眼睛前，用手转动镜筒来调整镜头焦距时，藏在镜筒内的细毒针受到弹簧的弹力便会直接跳出来，这样就直接刺进秦学的右眼当中，秦学惊慌失措之下，会下意识地把手中的望远镜扔出去，望远镜就是这样掉进塔楼下的河里的，虽然秦学及时用手拔掉了刺在眼中的细毒针，可是这样一来，毒液扩散，加速了他的死亡。

警方依据李教授的推测和找到的证据，审问了秦学的弟弟。在证据面前，秦学的弟弟招供了，正如李教授推测的那般，为了获取公司全部的股份，不让秦学把股份捐赠给科学院居然选择杀害了秦学。而为了使自己摆脱嫌疑，他选择使用这样的诡计，没想到依然暴露了。

隐藏的“炸弹客”

开启游戏

D市的一天早晨，公交公司总部突然接到一辆在运行中的公交车发来的通信要求，对方竟然是一个持枪的蒙面匪徒，他通过车内的通信器给公交公司总部发来一则消息：报警，让警察来，不然就把这辆公交车给炸了。公交公司迅速报警，警方派出了朗普警长和他的部下。大家迅速赶到了公交公司总部。

蒙面匪徒表示：“我是前几天被枪毙的犯人钱多多的好友，我今天一定要替他报仇，让你们这些警察低声下气向我哀求。现在，你们给我听好了，我身上不仅有枪，而且我还在车上装了一颗炸弹。现在我要你们这些警察来这辆公交车旁边，在我能看到的地方，当面给我跪下，我用手机录下这些之后，就会放过这辆车上的民众，视频必须播放给全市民众看，我一定要让你们身败名裂。如果你们选择对我刚才的话视而不见，那我现在就立刻下车，然后引爆我放在这辆车上的炸弹。你们都好好想想吧。告诉你们，即便我没下车，我也会在这些人逃跑之前把车炸了。我已经杀了一个不听话的乘客了，你们好好想想，不要让我等太久！”

警方对此一筹莫展，进退两难。正在这个时候，朗普警长的手机响了，来了一条短信，来自朗普警长的同事，他今天碰巧上了这辆公交车。因为蒙面匪徒的威胁，他只能选择用短信来联系朗普警长。朗普警长简单地用短信告知了他蒙面匪徒的目的，重点讲明了炸弹的事情。

这名同事又回复朗普警长，他认为现在最需要做的就是好好安抚一下蒙面匪徒的情绪。就在之前不久，因为看到蒙面匪徒在观察窗外的情况，疏忽了对车辆内部的监视，所以有个坐在门边的乘客想要快速打开下客门逃跑。本来他已经足够小心了，但还是被蒙面匪徒发现，被其一枪打死。而且据他的观察，车上确实有一个非常大的包，如果这个里面就是蒙面匪徒所说的炸弹的话，那么一旦爆炸，整个车都会被炸飞。

就在朗普警长思索该如何进行下一步行动的时候，蒙面匪徒突然开始冲着通信器大声喊叫："你们快点过来，到我面前跪下忏悔，我现在已经等得不耐烦了，你们要是五分钟内还不来，那这辆车上的人都得死。"

思索半天的朗普警长突然眼前一亮，他面无表情地回答蒙面匪徒："我现在只想和你说两件事：第一就是钱多多罪大恶极，所以他是死有余辜，没有一个人会为他忏悔和下跪的。第二就是我不会让我的兄弟们给罪犯下跪的，你想要引爆就引爆吧，随便你。"

不仅是警察，就连公交公司总部的员工也都惊呆了，大家用诧异的眼神看向朗普警长，不知道他为什么会说出这样的话语。你知道朗普警长为什么这样说吗？他到底是在打什么主意呢？

头脑发动机

在这个案件中，朗普警长分析了所有目前可知的情况，得出的结论是，这辆车上不可能有真的炸弹。这是因为蒙面匪徒打死想悄无声息逃跑的乘客，这就证明他有同伙在这辆车上。蒙面匪徒不可能炸死同伙，而他的同伙也不可能一直傻傻地等着被炸死。再有，如果这辆公交车上真有蒙面匪徒所说的一颗炸弹，那么蒙面匪徒不会那么粗鲁行事的。要知道开枪很容易就会引爆炸弹，他不会直接开枪打死逃跑的乘客，而是会选择比较安全的方式。

朗普警官分析蒙面匪徒的真实目的应该是引起社会骚乱，然后给自己找到机会逃跑，再将这些视频上传网络，以表明警方不愿意为了民众的安全做出牺牲，使得民众不再相信警方。

失踪的黑帮头目

开启游戏

负责涉黑案件的查黑组最近一直在搜集黑帮头目张三的信息，正准备对其实行监控的时候发现他消失了。查黑组正一筹莫展之际，刑侦组带来了消息，只可惜是个坏消息：张三和他的情妇在一家宾馆中被杀了。

警方根据对现场信息的采集，得出的结论是张三和他的情妇是在很短的时间内双双被杀死的。也就是说凶手是早就预谋好的。查黑组的负责人开始整理自己曾经搜集到的信息，希望能够从中找出嫌疑人，但是一无所获。

查黑组的负责人于是进行了走访和排查，根据宾馆前台工作人员的回忆，当时枪声刚响起，大家还在发愣，就有一男一女急匆匆地离开了宾馆。因为之前他们在订房的时候，曾邀请前台工作人员给他们拍照，所以前台工作人员对他们的印象很深。被杀的张三和他的情妇所住的房间就是这一男一女预订的。

警方要走了宾馆的入住登记簿，确认了那对男女的姓名。男子名叫李连伟，是市里一家比较高级的医疗机构的医生。女子名叫王丽红，是那家医疗机构附近的理发店的员工。警方迅速查找资料库，找到李连伟和王丽红的照片，拿去给宾馆前台工作人员辨认，前台工作人员确认来的女的就是王丽红，但是男的并不是李连伟。

这一奇特的情况引起了警方的注意，因为还不能确定男子的身份，所以警方快速出动将王丽红抓获，没想到与其一同被抓的还有那个冒充李连伟的男子。经过审讯后，警方了解了该名男子的身份，他是张三情妇之前的男朋友。虽然该男子承认杀人的枪是自己的，但他给出的说法是自己的枪很早之前就被人抢走了。

因为没有其他证据证明其真伪，所以警方只有先从李连伟这一方下手调查。

警方很快就联系到了李连伟，当时李连伟还在吃早饭，不知道为什么，一大早他身上的衣服就脏兮兮的。对于杀人，李连伟当然极力否认，他斩钉截铁地说自己绝对没有杀人。警方问他案发的时间段内在做什么。李连伟回忆了一会儿，说自己昨天下午5点半左右的时候，突然被人打昏了，等到早上醒过来的时候，发现自己待在一个陌生的地方，车子也不见了。所以自己才会穿着脏衣服坐在这里吃饭。

李连伟的这番解释，更是让警方觉得匪夷所思。

警方随即对李连伟的秘书进行了询问，秘书的回答是李连伟的车子里有一台非常高级的照相机。警方又对李连伟所在的办公室进行了搜寻，依然一无所获。不过据可靠消息，李连伟工作单位的经理张允和被杀的黑帮头目张三有仇，所以警方决定找经理张允进行询问。

但是不知道为什么，经理张允的电话没人接听，他的家人也说他没有回家。警方决定去张允的办公室查看一下。来到张允的办公室，警方发现这间办公室竟然从里面反锁住了。经过一番努力，警方把门撬开了。但是门内的场景让警方大吃一惊，经理张允头部中弹，显然已经死亡多时了。张允的尸体仰卧在椅子上，右手拿着枪。法医对他的尸体进行检查，发现其死亡时间是昨天下午的5点左右。警方对办公室进行检查后发现，张允办公室的阳台处的栏杆上有摩擦过的痕迹。

枪支在两个案发现场都曾被使用，但又被人带走，这加大了侦破的难度。

李连伟的秘书告诉警方，昨天下午4点多的时候，经理张允还开了一个简短的会议，交代了一下治安管理的通知，下班后机构所在的大厦要断电。为此，秘书还专门提醒了李连伟，要早点完成工作，等到快下班的时候，秘书给李连伟打电话，没有被接听，就进了李连伟的办公室，发现李连伟戴着耳机在听歌，就没有打扰他，觉得经理的工作应该已经完成了。等到5点20分左右，大家就都下班走了。

警方想找张允的夫人了解情况，没想到他的夫人就在大厦内。而且据员工的口供，张允死亡的那段时间内，张允的夫人一直在李连伟工作地点的附近晃荡。

你知道是谁杀了经理张允吗？你是如何做出的判断？

头脑发动机

在这个案例中，张三的死是个开端，也是个背景。主要是为了解释张允被杀一案中枪支的来源。

从案例中，可知张允的夫人和李连伟应该是有着不可告人的秘密。由此可以推断出，张允被杀一定和李连伟及张允夫人有关。而杀人的枪就来自已死的黑帮头目张三。

这其实可以看作一种交易：李连伟提供身份证明给那个男人，让他能够顺利地杀死黑帮头目和他的情妇。然后那个男人将枪卖给李连伟，李连伟就能解决张允。

那个男人和王丽红为了能够在杀死黑帮头目后顺利脱罪，就想着把枪卖出去，以此摆脱作案的嫌疑。

他们在看到李连伟的车后发现这辆车有助于自己逃跑，于是选择偷走了他的车子。而李连伟是使用绳索之类的物品赶去经理办公室，将张允杀死。

之后，李连伟跑回自己的办公室，让秘书在不经意间给自己做了不在场证明。杀人后，本来李连伟是想着和张允的夫人约会的，没想到发现自己的车子被盗。为了掩盖罪行，他没有报警，而是选择自己去找寻，因为车子上的相机里有他和张允夫人不正当关系的照片，他只想快速找到并销毁，以不被人怀疑。

天网恢恢，疏而不漏，这两对男女妄图洗脱嫌疑，不过还是被警方抓捕，最终进了监狱。

豪华客轮上的女尸

开启游戏

有一艘豪华轮船出航了，但是在行驶到太平洋上的一天清晨，轮船的清洁人员在打扫甲板的时候看到了一具女尸，死者被匕首当胸穿透。清洁人员大声呼叫，被声音吸引过来的游客都聚集到了船尾。

轮船上的工作人员一边报警，一边疏散人群，让大家回到自己的卧舱内。轮船上有一个不是很出名的侦探，在警方还没到达之前，他先做了调查，在仔细盘问乘客过后发现被杀的女人是一名时装设计师，名叫毛利雅子。

她这次出行是为了给自己找创作的灵感。在对现场进行一番调查之后，这名侦探发现在这艘船上有杀人动机的只有两个人：一个是死者的外甥、她财产的第一继承人，她的外甥之前因为沉迷于赌博，欠了一屁股债，现在正被追债，所以一直在跟毛利雅子借钱；另一个是她的秘书，在这次航海旅行中，被毛利雅子发现了他贪污的事情，毛利雅子已经口头表示要解雇他，只等着上岸之后走解聘流程。

因为现在还在浩瀚的太平洋上，所以凶手一定还在船上。从发现的尸体的情况来看，犯罪嫌疑人应该是和毛利雅子进行过一番争斗，死者身上比较高档的套裙出现了抽丝等情况。

你知道到底谁是凶手吗？杀人动机是什么？

头脑发动机

在这个案件中，首先，需要明确的一点就是行凶的地点是在太平洋上，如果凶手行凶后将尸体推入水中，那么尸体很难被发现。本案很可能以失踪案结案。

而毛利雅子的外甥，目前债台高筑，急需大量金钱，但是毛利雅子现在不肯借钱给他。被逼无奈的外甥很有可能见财起意，将毛利雅子杀害。

其次，毛利雅子的外甥如果要继承遗产，就需要毛利雅子被法律确认死亡。如果不将尸体摆放在明显的地方，很容易会被判定为失踪。如果是失踪的话，外甥就无法快速地继承遗产，债务也就无法还清。所以凶手把尸体放到甲板上这一点也能排除秘书杀人的嫌疑。

没有动机的凶案

开启游戏

一位村长拨打了报警电话，称居住在村子庄园里的米斯先生去世了。警方赶到后，发现米斯的尸体早就已经腐烂了。因为正值夏季，尸体腐烂得特别快。法医鉴定后发现米斯先生头部中弹，警方勘查现场的时候，发现米斯先生的身边有一把猎枪，目前已经确定凶器就是猎枪。

村长告诉警方是米斯先生的好友奥尔先生发现的尸体。警方对奥尔先生进行询问。奥尔给出的口供是："我一个月前来看过他，那时他还好好的。"

所以奥尔先生认为米斯先生的死亡时间应该没有超过一个月。奥尔先生每个月都会来看望米斯先生，今天敲了半天门，米斯先生都没有给他开门，所以他就绕到窗户那边想要看看情况，没想到看到的竟然是米斯先生的尸体。感到十分震惊的奥尔先生急忙跑去找村长，之后村长就报警了。

讲述完这些之后，奥尔先生又向警方提供了一个线索：他之前发现米斯患有抑郁症，上次来看米斯时就感觉米斯的状态不太好。本来以为是自己想多了，没想到现在就发生了这样的事情。

奥尔先生给警方提供的线索令警方感到疑惑。因为他的证词存在着矛盾之处：他先是告诉警方一个月前自己来的时候，米斯先生还好好的，转头又告诉警方，米斯先生有抑郁症倾向，状态不太好。

不过根据走访调查，大家都反映奥尔先生平时和米斯先生的关系很好，他本人没有任何杀人动机。

而据村长说，最近还有一个人经常来米斯先生家，米斯先生欠了他钱，他是来上门讨债的，这个人有犯罪前科。警方针对这个人展开了全面调查，不过调查结果显示，因为夏日天气炎热的原因，这个债主这几天都没有来找过米斯先生，而是去了游泳馆消暑，虽然他有明显的杀人动机，但是没有杀人时间，所以警方只能重新汇总证据进行分析。

再次调查之后，警方发现米斯先生的庄园内的墙上爬满了葡萄藤。米斯的邻居给警方做了介绍，这些葡萄藤种植的时间应该不晚于三年前，每年都能结出不少的葡萄，其叶子也是十分茂盛。而且根据对邻居的走访调查，警方发现米斯先生为人很好，很厚道，和邻居们相处得也不错，他无儿无女，也没什么仇家，一直都住在这个庄园中，只是最近因为生意上的事情，借了一些外债。

这次的调查结果，让警方再次把目光放在了奥尔身上。虽然他没有明显的杀人动机，但是所有的证据都显示他在米斯先生死亡一事上撒谎了。

警方对奥尔进行审问之后，奥尔招供了。

你知道奥尔是怎样杀死米斯先生的吗?

头脑发动机

在这个案例中，虽然奥尔没有明确的杀人动机，但是他有杀人时间和杀人条件。

首先，案例中讲述了奥尔告知警方的话语前后矛盾。为什么他要专门告知警方米斯先生有抑郁症倾向呢？是想让警方认为米斯先生是自杀，可是他这种前后相反的话语让警方产生了怀疑。

其次，米斯先生尸体旁边的猎枪是长筒猎枪，如果用它自杀，手很难触碰到扳机，而且米斯先生死于头部中弹，这就更无法用自杀解释了。

最后，奥尔给警方的口供中存在一个非常大的漏洞。现在正是夏天最热的时候，葡萄藤的叶子长得十分繁茂，整个庄园的墙上都爬满葡萄藤，叶子完全遮挡住了墙壁和窗户，那奥尔是如何通过窗户看到米斯先生的尸体的呢？

所以凶手就是奥尔。

英国银行抢劫案

开启游戏

英国的一家银行被劫匪抢劫了，等到警方赶到的时候，保险箱内的物品和银行的助理会计伍德先生，都被劫匪带走了。

这起案件不仅仅涉及财物抢劫，而且还涉及人质劫持，性质十分恶劣，政府部门十分关注。但是令人感到十分意外的是，没过多长时间，警方竟然接到了伍德先生的电话，说他已经成功脱逃，劫匪现在还没发现自己。警方快速赶到伍德先生所在的地方接回了他。

在警察局中，惊魂未定的伍德先生告诉警察自己之前的经历：“我今天刚刚走进银行，迎面就冲过来三个蒙面的劫匪，在我还没反应过来的时候，头上就被顶上了一把手枪，他们逼迫我打开了银行的保险柜，之后把洗劫的财物和我一起拖上了汽车，发动汽车冲出了银行。”

警方询问伍德先生是如何逃脱的。

伍德先生回答说，自己是在劫匪离开银行很远之后开始分赃的时候，趁着劫匪没注意，跳下车后跑到路边的一所房子内，给警方打的电话。据他所说，劫匪在离开银行之后，就将从银行抢来的东西放到了他们车上的另一个包裹里，然后将从银行带出的包裹直接扔出了窗外。伍德先生跑到房子里后，劫匪在惶恐之下，继续逃命了。

警方负责人听完伍德先生的话后，沉思了一会儿。仔细思索劫匪的行动路线和伍德先生的话语。根据伍德先生所说，劫匪在离开银行一段距离之后，就开始了分赃。但是为什么没有蒙上伍德先生的眼睛，或是杀了伍德先生呢？而且之后还轻易地让伍德先生逃脱了？

这些疑问需要解决，于是警方负责人对伍德先生说：“请你领我们沿着刚才劫匪逃跑的路线回到银行，看看路上有什么线索吧。”

伍德先生非常配合，跟着警察一起坐进了警车，警车一路朝着银行的方向前进。没过多久，伍德先生就大叫起来：“就是这里！包裹就在这里！”警察停下车，走过去捡起包裹，然后上车继续往银行开去。又过了一会儿，警车开到了一个红绿灯前，伍德先生再次大喊起来：“这就是我逃跑的地方。”

警车之后一路开到了银行，再也没有停留。本以为这件事情就要结束，自己可以回家的伍德先生，在回到银行之后就被警方负责人拿手铐铐住了。伍德先生感到非常不解，大声质问起来。警方负责人回答道：“别再编造故事了，快点告诉我们你是如何勾结劫匪抢银行的吧！”

为什么警方确定伍德也参与了抢劫案呢？到底是如何判断出的？

头脑发动机

在这个案件中，伍德比较明显的漏洞是他被劫匪劫持后，竟然就那样坐在劫匪的车上离开，没有被打晕也没有被戴上面罩。

由此可以推断，伍德是劫匪安插在银行的内贼，所以他们才能顺利逃脱。

另外，伍德告诉警方自己逃跑之前，劫匪就已经将从银行带出来的包裹扔了，之后趁劫匪不注意，他才逃跑的，但是之后赶回银行的时候，伍德先是喊出了包裹的位置，然后才到他逃跑的地方。这就和他的证言相矛盾了。

嘉宝的膝盖

开启游戏

应承是一个特别热爱看侦探类电视剧和小说的侦探迷。日常生活中，应承特别喜欢像电视剧或书中的侦探那样进行一些推理。这一天，他正在家中看自己喜爱的侦探小说。突然门铃声大作，他急忙放下手中的书，赶去开门，门外站着邻居嘉宝太太。

嘉宝太太一看见应承就怒气冲冲地喊道："你怎么不管好自己的狗？我刚才经过你家门口，被你的狗咬了。"

嘉宝太太一边说着一边撩起自己的新裙子来，应承在她的膝盖处看到了一个新的伤口。但是应承知道自己的狗从不咬人，而且那个伤口的位置让应承感觉很奇怪。

所以他皱了皱眉头，小心翼翼地问嘉宝太太："太太，您确定这伤口是被我家的狗咬的吗？"

嘉宝太太一听这话，火气更往上涌，脸都红了，她斩钉截铁地说道："没错，就是你的狗，刚才咬过我之后，我直接就来找你了。"

看到嘉宝太太这么确定，应承突然笑了，因为他知道，家宝太太说了谎。

他说道："你撒谎！你的伤口绝对不会是我的狗咬的。"之后他的一番分析让嘉宝太太脸更红了。

你能推测出应承是怎么分析的吗？为什么他那么确定不是自己的狗咬的嘉宝太太呢？

头脑发动机

在这个案例中，关键点在于嘉宝太太穿着的那件裙子。养狗的人都知道，狗在咬人的时候，是直接扑上去咬的，所以通常被咬的人的衣服都会出现破损。像案例中嘉宝太太身上的裙子那样完好无损，狗又是如何避开裙子咬到她的呢？

嘉宝太太的裙子不仅没被咬破，也没有任何脏污的痕迹，所以她的伤口一定不是被狗咬造成的。

连环纵火案件

开启游戏

T市发生了三起汽车起火案，导致三辆汽车被烧，附近居民惶恐不安。汽车连续蹊跷起火，周边居民对案情议论纷纷，有的人觉得是车辆有问题，有的人觉得是人为纵火，还有的人觉得是灵异事件。警方进行了现场的调查和证据的提取，发现了纵火的证据，所以初步判断为人为纵火。

但是起火的汽车都不是豪车，三辆车中有两辆是面包车，由此警方判断，因偷窃点火烧车的可能性很小，或许有可能是泄愤，但是三家之间也没有什么联系，也不存在什么共同的仇人。警方一时陷入困惑当中。

案件还需要进一步调查。警方调取现场的监控录像进行查看，终于发现了一名嫌疑人，之后顺利将其抓获，而该犯罪嫌疑人也对纵火烧车的事实供认不讳，承认了放火烧毁三辆汽车的事实。

为什么犯罪嫌疑人要纵火呢？

头脑发动机

在这个案件中，破案的关键点就在于，犯罪嫌疑人为什么要选择这些车进行纵火呢？

从烧毁的车辆不是豪车来看，犯罪嫌疑人内心失衡但是又极力想控制自己的行为。

从这个角度去查找，很快就能抓捕犯罪嫌疑人。被抓捕后，犯罪嫌疑人也交代说自己纵火的原因是他看到别人有车他没有，心里不平衡，因此有了烧车的想法。

第八章
总结案件规律，找出案件的关键线索

技巧简介：对调查获得的案件信息抽丝剥茧

对于警方来说，破案就如同抽丝剥茧，只有对调查的信息进行总结，找出规律，才能快速还原案件的来龙去脉。

元旦刚过的一个凌晨，S市的警方连续接到了两次Z乡群众的报警电话，电话内容是电力公司在乡里对电网进行改造时，两台放在安装点的新变压器都被盗走了。为了安抚大家，警方迅速出动，想要尽快消除社会影响。可事与愿违，警方派出了很多人员，也做了大量的工作，但是几个月过去了，这个案件依然没有任何进展。

警方为了查清案件真相，不仅展开了细致的调查，同时对该地区近几年来有关变压器被盗的案件进行了认真的整理和分析，总结案件发生的规律，然后抽丝剥茧，终于找出了一个盗窃团伙。

警方迅速部署人员对该盗窃团伙进行了严密布控，在其运输赃物的过程当中，将该团伙人员全部抓获。经过审讯后，他们对于盗窃变压器的犯罪事实供认不讳。

对于侦查人员来说，如何能够在较短时间内从一个破案“新兵”到破案“老手”呢？

1.认真学习，积攒经验

侦查人员要对自己参与的每个案件都进行抽丝剥茧的分析，总结规律，找到破案的关键线索。

张凡刚成为警察不久，为了能够更快地参与到案件的侦查工作当中，不断学习。一天，警察局接到一起合同诈骗案的报警，而且该案的赃款大部分早已被嫌疑人挥霍。张凡在办案过程中，心里一直难以平静。这个案件影响十分恶劣，为此，他和同事们一起深入调查，积极走访被害人，汇总所有相关案件的资料和信息，沟通取证。最后，犯罪分子被抓捕归案。

2.就案论案，细致分析

曾经在G市发生过一起恶劣的连环杀人案，警方非常重视，立即成立专案组进行调查，虽然犯罪嫌疑人不久就被抓捕，但是他拒不交代，再加上多名被害人已被肢解，身体重要部位已被焚烧，难以确认身份，使得案情陷入僵局。

警方在对案件进行分析之后，选择从犯罪嫌疑人供述清楚、尸块保存完好而便于鉴定且案发时间相对较近的一起案件开始进行细致调查，以此为突破点，然后快速完善证据。很快，这个案件中的嫌疑人的完整犯罪事实就被整理出来了。

犯罪嫌疑人的心理防线由此被突破，陆续交代了自己的犯罪事实，同时还详细供述了杀害被害人的经过。

侦探游戏：顺藤摸瓜，着力深挖

狡猾的窃贼

开启游戏

圣诞节前的深夜，一家百货公司来了贼，有大量的商品被偷，其中最贵重的是两块劳力士手表。偷盗之后，窃贼驾车逃跑。

正当窃贼以为自己要逃之夭夭的时候，马路上的一摊油让他的车打滑失控，汽车一头撞在了路边的桥柱上，窃贼当场重伤昏迷被送往医院。

警方在调查案发现场之后，找到了窃贼被撞坏的汽车，于是找到了躺在医院急诊室里的窃贼。

窃贼正被抢救，根本无法审问，所以警方还需要从百货公司入手调查案件。

第二天，百货公司让各个专柜的售货员对自己所售商品进行清点，然后汇总列出失窃物品的清单。这张失窃物品清单被直接送到了经理的面前，失窃物品包括大量名贵商品，其中包含三块劳力士手表。

经理意识到了这件事情的严重性，于是快速联系警方，询问破案进度。警方通知，窃贼虽然已经被抓获，但因为还在昏迷中，所以暂时不能录口供。不过因为窃贼偷盗结束后出门不久就发生了意外，所以他偷窃的物品都在车上，警方进行盘点后，汇总成一张清单给了百货商店的经理。

而窃贼也终于在这天的傍晚时分苏醒，对自己的犯罪事实供认不讳。所有失窃物品都完好无损地被送回，其中包括两块贵重的劳力士表。但是两天后，该百货公司再次报警，一名公司内部的售货员被开除，并且，警方认为他私藏了一块手表。

你知道这是为什么吗？到底发生了什么事情？

头脑发动机

在这个案例中，关键点就在于百货公司列出的失窃清单上清楚地写有三块劳力士手表，但是窃贼偷盗的物品中只包含两块劳力士手表。

问题就出现在这里，到底失窃了几块表呢？窃贼盗窃了财物之后，很快就出了事故被直接送往医院，随后警方就到了。这期间他没有转移赃物的时间。由此可见，窃贼确实只偷了两块劳力士手表。

那么，也就是说，是在劳力士柜台工作的售货员监守自盗了。警方的推测是该售货员发现百货公司被盗后，想要浑水摸鱼，偷窃一块金表并栽赃在窃贼的头上。因为窃贼出车祸，根本没来得及销赃，这个售货员就被查出来了。

遇害的木工

开启游戏

元朝时期，大都木料需求量猛增，所以专门开设了木工作坊，雇用的木工多达几百名。其中的一个作坊中，张木工和王工长争吵起来，王工长对矛盾处理不当，所以张木工与王工长就陷入了老死不相往来的局面。时间过去半年，两人经工友的撮合，坐下来喝了一场酒，仇恨算是消除了。酒宴持续到天都黑了才结束。

第二天，王工长浑身轻松准备上工，张木工的妻子却哭着来到他家，说自己的丈夫昨天喝酒不归，认定是王工长杀害了丈夫。哭闹不止后，她去衙门报了案。衙门认为王工长有作案嫌疑，但没有证据，所以对他严刑拷打，禁受不住的王工长招认自己杀了张木工，尸体被自己胡乱丢到河沟里了。

两名衙役被派出去寻找尸体，结果一无所获。衙门的管事被上级严令限时破案，所以只好让这两名衙役尽快找到尸体，没有找到就对他们进行鞭挞。两名衙役一直找不到尸体，便合计杀死一个过河老翁，冒充张木工。本来他们担心张木工的妻子会识出破绽，但张木工的妻子一看见尸首就上前大哭，还卖掉身上的饰品为丈夫置办棺木并举办葬礼，等到尸体埋葬之后，案件终于审结。

就在这时，张木工家发生了一件奇怪的事情，这件事要从一个惯偷说起。这一天，他途经张木工家，忽然看见一个醉汉踉踉跄跄闯进张木工的屋子里，对其妻子大发脾气，甚至拳打脚踢。但是张木工的妻子并没有大喊大叫，甚至根本没有说话，直到那醉汉睡了之后，才小声哭泣并抱怨，抱怨的内容让这个惯偷变了脸色。

他连忙跑了，第二天他跑到木工作坊，嚷嚷着他知道了张木工被杀的真相，只要给钱就告诉大家。惯偷信誓旦旦，表示愿意带大家去张木工家。众人当即与惯偷签下字据，并先给他一部分酬金，剩下的约定破了案之后再给他。

惯偷带着大家来到张木工家，装作喝醉调戏张木工的妻子，被张木工的妻子大骂，大家都进到了院子中，趁着混乱，惯偷进到屋子内，装作找东西的样子，把炕扒了一个口，没想到里面露出了一具尸体。

有人去衙门报了案。张木工的妻子也被抓去了衙门。面对审问，张木工的妻子非常害怕，于是承认了被人从自家炕里面扒出来的就是丈夫张木工的尸体，大家大惊失色，不明白为什么这个妇人要杀死自己的丈夫。

你知道原因吗？惯偷听到张木工的妻子抱怨了什么？

头脑发动机

在这个案例中，关键点是张木工的尸体是如何被埋进自家的炕中的。

案件的开头说了，当时张木工是和王工长喝酒去了。但是第二天张木工的妻子就哭到王工长家门口，说丈夫未归，认定王工长杀死了自己的丈夫张木工。

为什么张木工的妻子那么肯定是王工长杀死了自己的丈夫呢？可见，张木工的妻子为了误导官府，所以不遗余力地抹黑王工长。

案件中也说明了衙役找不到张木工的尸体，就合计杀死一个过河老翁冒充张木工，没想到张木工的妻子连看都不看，直接认定这就是丈夫张木工的尸体，而且还好好地安葬了他。从这可以看出张木工的妻子和张木工的死有很大的关系。

等案件说到惯偷偷听到张木工妻子私下里抱怨，就能明确是张木工的妻子伙同他人杀死了张木工。惯偷带领众人从炕中挖出的尸体就是证据。

张木工娶了个生性风流的妻子，她在杀死丈夫之前一直背着丈夫与奸夫私通。为了更好地和奸夫在一起，两人多次商量想要杀死张木工。不过一直苦于找不到机会。

当她知道自己的丈夫去王工长家喝酒后，就计上心来。晚间她见张木工喝醉酒晃晃悠悠地回来了，就觉得是个好机会，于是与奸夫一起把张木工杀死了。

正当他们不知道如何处理尸体的时候，看到了屋内的炕，因为火炕内部是空的，所以可以存放尸体。在把张木工的尸体放进去后，两个人重新把炕封好，然后商量出嫁祸王工长的计策。

去认尸的时候，虽然她知道这不是丈夫的尸体，却不敢声张，所以才会一看见尸体就扑上去哭泣。

而惯偷听到她抱怨的是："因为你，我才杀死了自己的丈夫，连尸首都分割成几块藏在火炕里。现在，那尸首又不敢弄出来。如今，你却虐待我……"

张木工的妻子和她的姘头终于受到法律的制裁。

跨越16年的案件

开启游戏

16年前的一天晚上，当时这家的女主人下班回到家之后，因为劳累，所以早早地上床休息了。夜里10点左右，家里的门被敲响。感到疑惑的女主人于莉爬起来开门，没想到引来了杀身之祸。

事情也是凑巧，第二天，丈夫张立出差返回家中，在主卧室看到了被被子包裹着的于莉的尸体。

警方第一时间赶赴案发现场展开了侦查工作，搜集物证，发现案发现场十分凌乱，证据被破坏得很严重。警方同时进行摸排走访，可惜线索实在是太少，使得案件陷入僵局。

对案件的各种猜测不胫而走，但谣言不能帮助警方破案，不过警方也一直没有放弃这个案件，而是抓住一切机会找寻有关的线索。就这样，16年的时间一晃而过，大数据技术让这个案件迎来了转机。警方掌握了一条线索：死者的丈夫张立有一个表弟曾经出现在被害人家的附近，但是在被害人被杀后不久就不知所踪了。

警方觉得这个表弟有问题，就赶赴其家乡进行调查，发现几乎所有的疑点都指向了张立的表弟，他就是犯罪嫌疑人。

于是警方连夜进行布控，对张立的表弟实施了抓捕。

张立的表弟是如何作案的?

头脑发动机

在这个案件中，首先需要明确的一点就是：犯罪嫌疑人为什么要杀死于莉?

通过对案发现场的调查分析，警方发现激情杀人的可能性非常大。因为案发现场凌乱异常，而且死者尸体也没被凶手处理。可惜案发现场过于凌乱，再加上丈夫张立无意间破坏过案发现场，使得警方无法在16年前破案。

幸好16年后，大数据给破案带来了希望。抓捕犯罪嫌疑人张立的表弟之后，其供述，在16年前的案发当晚，他在参加一个朋友的结婚宴时发现自己忘了带份子钱，便想着去表嫂家借钱随份子。当晚10点左右他敲开了于莉的家门，因为是丈夫的表弟，所以于莉对他并没有防备，但于莉觉得他喝醉了，就没有借钱给他，只是安排他在客房休息。

当时犯罪嫌疑人已经非常不满了，在酒精的刺激之下敲开于莉的卧室门，看到穿着睡衣的于莉，他脑子一热，欲行不轨，于莉当然不从，激烈反抗，犯罪嫌疑人担心事情暴露，就一不做二不休把于莉给杀害了，之后拿走了家里的所有现金就匆匆逃离了。

狡猾欺诈者

开启游戏

B市有一家非常有名气的博物馆，这一天展出了一枚非常漂亮和小巧的古钱币。这天进入博物馆参观的人只要看到古钱币，都会赞美其小巧和精致，它就和一元硬币差不多大。

到了闭馆的时间，馆长想要将这枚古钱币放入特殊的保存箱内，没想到却发现古钱币不见了。馆长当机立断下令关闭了博物馆，然后报了警。博物馆里现在只剩下三个参观者，目前可以确定的是偷古币的人就是他们三个中的一个。

李渊，男，身穿宽松轻快的运动服，背上还背着一款运动背包。其举止有些鬼鬼祟祟，耳朵里塞着耳机。

贺章，男，一身名牌西装，面相十分凶狠，嘴里不停地嚼着口香糖，手上戴着耀眼的戒指，还拿着一本古物鉴定的书。

王丽英，女，一身时尚装扮，看起来十分美丽，手中拿着最新款的粉色手机。

当被警方告知他们是偷古钱币的嫌疑犯后，贺章先爆发了，大声地吼着：“才不是老子呢，老子对那破玩意儿没兴趣！”说话间还把手上的书紧紧抱在胸前。李渊则表现得十分胆小，一直没出声，身子稍微有些抖动，只是紧了紧背包带。王丽英委屈地哭了起来，抽泣着告诉警察，自己需要给妈妈打个电话，不然妈妈会担心的。获得允许后，王丽英走向了博物馆的公共电话亭内投币，然后拿起了听筒。

他们的一番表现，警察都看在眼里。负责的警察突然指着其中一人说道："别装了，就是你偷了古钱币。"

到底是谁偷了古钱币？警察是如何发现的呢？

头脑发动机

在这个案例中，首先就告诉了大家，这枚古钱币的大小和一元硬币十分相似。由此可以判断出，偷取古钱币的小偷很容易就能将其顺利地带走。

李渊在面对警察询问的时候，出现了身子抖动和紧背包带的动作，这些都是一个人处于害怕的状态下表现出的正常反应。所以他的嫌疑被排除。

贺章是反应最激烈的，警察的问话刚结束，他就凶狠地反驳，而且他手中还有古物鉴定的书，说明他来博物馆的目的是学习鉴别古董。所以他的嫌疑也被排除。

最令人感到怀疑的就是王丽英了。她手中拿着最新款的手机，但是在面对警方时，她提出给妈妈打电话报平安，却没有选择用手中的手机去打，而是选择进入博物馆的电话亭内打投币电话。这看起来真的有点古怪，再加上古钱币的大小和一元硬币十分相似，所以可以推测出王丽英是打算将古钱币投进电话亭中。

警方按照推测对电话亭进行了搜查，果然看到了古钱币。

发现自己的诡计被识破，王丽英就垂下了头，交代了自己的作案过程，案件顺利告破。

小区谋杀案

开启游戏

最近W市内的某小区内连续发生了两起入室抢劫杀人案。警方要快速破案，而且要避免引起群众的恐慌。

第一起案件是发生在下午4点左右，在该小区的8号楼内。凶手当时直接破门而入，被害人家的防盗门上有一个距地面80厘米高的脚印，被害人为男性，37岁。死于利器贯穿胸膛造成的流血过多。而该案件中的凶器是厨房里的刀具。同时警方还在死者的腹部发现了几道浅浅的一字形伤痕，手臂上还有烟头造成的烫伤。凶手将被害人家洗劫一空，在离开死者家之前向死者身上倒食用油并点火焚尸。邻居下班回家发现死者家门没有关好，从门缝里冒出滚滚黑烟，吓得赶紧报警。

第二起案件发生在第一起案件的四天后，在9号楼里。凶手同样选择了破门而入，防盗门上在距离地面80厘米左右的地方有几个重叠的脚印。被害人为女性，29岁。被害人的胸口被利器刺穿，胸部有5处刀伤，后脑勺还有撞击伤。凶器同样是厨房的刀具。被害人家中值钱的物品也被洗劫一空。最后凶手将食用油倒在死者身上进行焚尸。而且两起案件的案发现场都检查出打斗的痕迹。

对两具尸体进行检测的法医认为凶手应该是一名连环杀人犯，希望能够并案侦查，但警方负责人却认为这是两起独立的案件，要分头调查。

你认为两件案子是不是同一个凶手所为呢？

头脑发动机

在这个案例中，首先需要明确的一点就是：凶手是不是同一个人？如果只看作案手法和杀人凶器等，感觉凶手像是一个人。毕竟这两起案件中，犯罪嫌疑人都选择了破门而入，用死者家中的刀具杀死死者，然后实施抢劫并且焚尸。

不过令人感到非常疑惑的是，这两起案件当中又存在着许多的不同之处。细细研究之后，就能发现这两起案件之间存在的差别。

首先，第一起案件中，门上只有一个脚印，这表明凶手的力气很大，只需要一脚就能把门踹开。而在第二起案件中，门上却重叠着好几个脚印，这表明凶手的力气没有第一个凶手的力气大，需要踹好几脚才能把门踹开。

其次，死者身上出现的伤口也有疑点。第一起案件中，被害人的腹部出现的一字形伤口，还有手臂上的烫伤，这些是典型的试死伤，即凶手害怕被害人没有死，在事后指认他，而试验被害人是否还活着的时候为被害人添加的伤口。由此可知被害人和凶手应该是认识的。而在第二起案件中，死者身上不仅存在着好几道深创口，还有头部的撞击。由此可知这是仇杀，凶手应该是对被害人有较深的仇恨，所以会选择抓住被害人的头发把被害人的头往地板上撞，然后在被害人的胸口刺了那么多刀。第二起案件可以认定为凶手在报复杀人。

从这些不同之处，可以推测出第二起案子的凶手应该是听说了第一起案子后，为了混淆警方视线而故意模仿第一起案子的手法。

所以，警方不能并案侦查，如果并案侦查，很有可能一直都会找不到凶手。

不可思议的谋杀

开启游戏

里克每年冬天都会去自己的老朋友库伯那里度假。这一年，他一如既往地来到库伯所住的村子里。

吃过饭后，两人开始聊天。看着外面银装素裹的大地，里克对库伯说道：“雪是最佳告密者，它能够完整记录一个案子，不管是一个人还是两个人作案，不管犯罪嫌疑人是跑动还是跳跃，总能在雪地上留下印记，被白雪记录下来。”

正当里克和库伯聊得兴起的时候，卧在椅子旁边的狗突然大叫起来。紧接着一个长着罗圈腿的老头走了过来，里克认识他，他是当地的警察。“斯波？怎么了？”看着老头严肃的脸庞，里克询问道。

“先生们，我刚刚在前面的荒野里发现了维尔先生，他是被人杀死的，喉咙被切开了。”

里克和库伯脸色都变了，急忙站起来和斯波赶到那个地方。里克发现雪地里死者维尔的尸体旁边，除了发现者斯波的脚印之外，竟然没有维尔的脚印。

维尔一个人住在村子里，他的房子在村里的偏僻处。看完尸体后，里克和库伯随着斯波来到了维尔的家中检查。他们发现，只要把窗子关闭，从外面是无法看到屋内的情况的。而据周围的邻居所说，这个窗子大部分的时候都是关闭的。而在屋顶上飘荡着一只大气球。

村子里的小孩特别喜欢在他家房子外墙上画画，维尔只要看到，就会对着小孩子嚷嚷，通常，孩子的父亲会在这之后跑来和维尔吵一架。所以，村子里的人都很讨厌维尔这个怪老头，他的房子也被称为怪房子。

前几天，里克还见过维尔，当时里克见到维尔手里拿着三个气球。两人说话的时候，走过来一个人，维尔给里克介绍说，这是外面来的大夫波利先生。波利大夫对维尔说：“我今天来是给您打针的，今天您感觉如何？”

维尔点头示意自己很好，转头对里克说：“其实我现在最关心的是人们自身良知的康复。每个人都恨我，都想要从我这榨取利益，我真的希望村子里就有法庭，因为我目前有四个案子想要提起诉讼。”

里克没有说话，波利大夫开口道：“您这是自找没趣，何必如此呢。”

维尔更大声地喊道：“我又不是绵羊，绝对不允许让人欺负。”

里克描述了当时的遭遇后，对库伯说：“我认为谋杀可能发生在下雪之前，白雪掩盖了维尔先生和凶手的足迹。”

而波利大夫在对尸体检查完后，告知大家死亡时间不超过两个小时。也就是说维尔先生是死于早上六点。他为什么一大早要跑到这个地方来呢？库伯初步怀疑死者有可能是自杀。因为据波利大夫所言，维尔先生脑子有些毛病。一个六十岁出头还整天带着五彩气球在荒地里逛的老头，怎么可能脑袋是正常的呢？

而波利大夫则认为维尔先生患有被迫害妄想症，所以总是无缘无故地怀疑别人想害死自己。

三人对维尔先生家进行搜索，发现，他家中竟然有一间房子里堆满了各式各样的气球。里克还在维尔先生的书房中发现了一些有关气象学的书。

这些书也表明了维尔先生并不是有精神病或是脑袋有问题，而是一名气象学爱好者。

搜寻无果后，警察封闭了房子，带走了维尔先生的遗体。

但是里克在过了几个小时后，在村里唯一的旅馆碰到了波利大夫，两人一番讨论之后，里克认为波利大夫有很大的作案嫌疑，他认为凶手就是波利大夫。警方根据他的推测找到了凶器。

请问，为什么里克会指认凶手就是波利大夫？波利大夫又是如何作案的呢？

头脑发动机

在这个案例中，里克一开始就怀疑被害人是死于他杀。因为一个刻薄的老人，怎么可能无缘无故自杀呢？而凶手杀害了维尔之后，还要将现场伪装成是自杀，那么就需要让大家相信死者的精神有问题，所以会走上自杀的道路。

被害人独居，除了给他调理身体的波利大夫，没有人知道他的身体状况。明明维尔先生是气象学爱好者，波利大夫竟然从不向村民解释维尔古怪的行为。

几个小时后，里克就赶往了村里唯一的旅馆，果不其然看到了波利大夫。当他试探着和波利大夫聊起维尔先生的死的时候，波利大夫果然给他解释起维尔先生所患的被迫害妄想症的典型症状。

里克提出：维尔先生可以把剃须刀绑在气球上，在用剃须刀割开自己的喉咙后，手一松，气球就会升到天空。波利大夫认为这不可能。

实际上，里克已经怀疑是波利丈夫用这种手段杀了维尔先生，但因为这只是里克的推测，并没有证据，所以里克又邀请波利大夫一起去做实验，看气球能否把凶器带走。里克还私下通知了警察注意波利大夫。

在实验的过程当中，二人很快就发现了携带杀死维尔先生凶器的四个气球。波利大夫还没反应过来，就被里克早就通知的警察给抓住了。波利大夫极力否认，既然找到了凶器，不就证明维尔先生是自杀的吗?

里克解释说，因为他发现这四只气球出现的位置不对，如果真的是维尔先生自杀时使用的气球，那么就不会降落在这里，早上刮的是东风，而现在刮的是西风，如果死者是自杀的话，那么气球应该落在相反的方向，唯一的解释就是有人为了误导大家，故意将这四只气球放在这里。而有必要这么做的，只有在旅馆中的波利大夫。

当波利大夫听到里克给出的假设后，就选择利用这个假设，从而更好地掩盖自己杀死维尔先生的事实，让自己完美摆脱嫌疑。但这就暴露了自己杀人的事实。

实际上，波利大夫谋划那么久，凶器估计早就被处理得干干净净了。为了让凶手露出破绽，里克故意设了局。

由此警方就有了波利大夫杀死维尔先生的证据，警方以此抓捕了波利大夫。

让人不寒而栗的凶案

开启游戏

侦探鲍勃负责处理的是一起离奇的案件，死者死在自己的车里，看起来像是自杀。但是这辆车子内部实在是太干净了。这表明有人用吸尘器对车辆内部进行了彻底清洗，甚至对仪表盘和方向盘也进行了清洗。这种清洗会损伤车辆，所以一定不是死者所为。

鲍勃清楚得很，这绝不是随手擦拭，这种清洁得用湿布或软皮革才能做到。

为什么会有人如此过分清洗被害人的车子呢？带着这个疑问，鲍勃更为细致地开始检查这辆车。

这辆车并不是新车，甚至可以说是有些旧了。鲍勃爬进车子里，双手按在驾驶座上，查看里程表。即便是在如此光线不好的小车库中，表上的数字仍然清晰可见：47583。这的确不是新车，但凶手为什么在清洗了车子后，在车内杀人呢？鲍勃有些没想明白，他伏着身子，用食指指尖按下遥控按钮，将副驾驶一侧的车窗降下一点。因为车里的气味实在是难闻，必须打开车窗透气。

这味道他曾闻过很多次，那是尸体刚开始腐烂的气味，令人作呕。

根据法医的说法，死者是在大约50个钟头以前就开车进入小车库中，关闭车门，然后让车子的引擎空转，并将尾气导入车内，呛死了自己。法医估计尸体在这里躺了将近两天，一直没被人发现。

但鲍勃并不同意法医的话，他认为这是凶手的诡计，目的是让警方误认为这是自杀事件。

你知道鲍勃是如何得出这样的结论的吗？

头脑发动机

在这个案例中，死者已经死亡多时，尸体的腐臭气味足以证明这一点。如果死者是自杀，那么引擎空转这么长一段时间，这辆车的燃油应该早已耗尽，而且由于点火装置一直开启着，电池也早该没电了。然而鲍勃却仍然可以按下车窗控制按钮，将车窗玻璃降下。因此可知这辆车并非第一案发现场，死者也并非死于自杀。